为什么说
乌鸦父母是好父母

〔德〕安格莉卡·巴特拉姆，扬－乌韦·罗格 著

陆水若 译

陕西新华出版传媒集团

太白文艺出版社

图书在版编目（CIP）数据

为什么说乌鸦父母是好父母？ / （德）安格莉卡·巴特拉姆，（德）扬-乌韦·罗格著；陆水若译. — 西安：太白文艺出版社，2018.3

ISBN 978-7-5513-1380-3

Ⅰ.①为… Ⅱ.①安… ②扬… ③陆… Ⅲ.①儿童教育-家庭教育 Ⅳ.①G782

中国版本图书馆CIP数据核字（2017）第303901号

Warum Raben die besseren Eltern sind

by Angelika Bartram and Jan-Uwe Rogge

copyright © 2014 by GRÄFE UND UNZER VERLAG GmbH, München

Chinese language copyright © 2018 by phoenix-power Cultural Development Co., Ltd.

All rights reserved.

著作权合同登记号　图字：25-2018-002 号

为什么说乌鸦父母是好父母？

WEISHENME SHUO WUYA FUMU SHI HAO FUMU

作　　者	〔德〕安格莉卡·巴特拉姆，扬-乌韦·罗格
译　　者	陆水若
责任编辑	彭　雯
特约编辑	盛　利
整体设计	**Metis** 灵动视线
出版发行	陕西新华出版传媒集团
	太白文艺出版社（西安北大街147号　710003）
	太白文艺出版社发行：029-87277748
经　　销	新华书店
印　　刷	北京鑫海达印刷有限公司
开　　本	710mm×1000mm　1/16
字　　数	77千字
印　　张	10.5
版　　次	2018年3月第1版　2018年3月第1次印刷
书　　号	ISBN 978-7-5513-1380-3
定　　价	26.00元

放手和支持

　　每当父母忽视孩子，没有给予孩子充分的照顾，或者给予孩子的爱和关注太少，甚至放任孩子不管的时候——无论实情确实如此，还是别人主观臆想的，就会有人用"乌鸦父母"这个词来形容他们。那么，为什么乌鸦现在变成了更好的父母呢？事实上乌鸦并不是恶劣的父母。乌鸦用温暖呵护它的幼雏，给它们送来吃喝，即使年幼的乌鸦已经离开鸟巢，但是在它们羽翼未丰时，老乌鸦仍然会继续照顾它们，供给它们食物，直到有一天小乌鸦学会了飞行，并且能够独立地去寻找食物为止。之后，小乌鸦才会离开父母的住处。

　　既然如此，人们自然会问："乌鸦父母"这个贬义词是怎样产生的呢？也许这个词源自大家对乌鸦的印象：当一只乌鸦幼雏落在地上或者在树枝上啼叫的时候，人们感觉它像是被离弃了。而且很久以来人们并不知道当幼雏刚离开鸟巢时，乌鸦妈妈其实还是守护在它们身边的。当然，这个规律也适用于其他的鸟类。

　　恰巧是乌鸦充当了一个坏父母的形象，这大概和诸多迷信有关：在大多数国家的文化当中，黑色是恶毒与死亡的颜色。因为乌鸦是以吃腐烂的尸体为生的，所以喜欢在垃圾堆旁边四处盘旋，其实这一点并没有给乌鸦带来人类对它的同情。另外，乌鸦作为日耳曼民族的最高神祇奥丁的陪伴者，还被视为异教的东西。最后，《圣经·约伯记》中的一句话可能导致了乌鸦成为坏父母的代名词："乌鸦之雏因无食物而飞来飞去，向神哀告时，谁会给乌鸦之雏食物呢？"因此，长久以来就存在着这种错误的说法：乌鸦是不照顾孩子的坏父母。

当然，我们不能把动物行为简单地转移到人类身上，无论从科学还是从道德的角度来说这都是不正确的。但是，乌鸦父母也很有可能树立一个正面的形象：即使在孩子还不具备独立生存能力的时候，乌鸦父母就已经开始对孩子放手了，但这些父母并不是简单地放任孩子、不管不顾。从这个双重的意义来说，乌鸦是好父母。

这本教育指南主要讨论两个极端现象：放手和支持。本书将帮助您做到两点：既给予孩子一个必需的自由空间来发展，同时也给予他们足够的支持。这样做的目的是让您的孩子获得安全感，并且能愉快地利用这个自由空间，这是子女教育的核心，这个原则不仅避免了过度保护，同时也避免了对孩子的过分要求。

当今的家长都有一种对孩子过度保护的倾向。在第一章里您将看到，这种现象都有哪些表现，您也可以马上做一个"家长测验"。接下来，我们将根据从儿童到成人的不同发展阶段，进一步探讨放手和支持——从孩子的角度来讲是寻求支持——这对题目。在最后一章我们将讨论家长的最后一个人生阶段，即儿女离家之后的时光。因为我们的题目是贯穿每个年龄段的，所以无论您的孩子正处于哪个年纪，您在每个章节都能发现一些有趣的观点，从这个意义上来说，我们祝愿大家阅读愉快！放手愉快！

当今的父母

家长的角色在今天一直处于方方面面的审视当中，家长被迅速地贴上各种标签，不得不忍辱负重。其实媒体在这件事情上起到了一个不可低估的作用：在媒体上经常有数落家长的文章，如哪些事情家长做错了，哪些事情他们没有能力做，哪些事情又被家长忽略了，从中推断出家长对社会发展的（负面）影响。而且这些文章的关注点都在孩子身上，家长几乎找不到发声的渠道。其实这些媒体忽略了一个事实：孩子不仅是教育的对象——孩子不会被动地接受一切，他们自己也会构建周边的环境，他们是独立的主体，在受教育的同时也在教育着他们的父母和周围的人。

过去都比现在好吗？

　　教育是一个错综复杂的过程，不可能归结为一个简单的方程式，或者一个从 a 推出 b 的单纯的因果关系。可是，我们有时希望教育就是如此简单，这样一来一切就都一目了然、尽在掌握之中了。然而，教育恰恰不是一板一眼的数学，有时在教育的终端排列着非常多的标点符号。教育是一种关系，是一种陪伴，陪伴孩子走进人生，这是一个持续不断的过程。这个过程伴随着许多问题，还有忐忑不安："我一切都做对了吗？""我有必要担心吗？""我可以让我的孩子到外面去闯荡吗？""他感觉自己受到侵犯了吗？"

　　这些问题都是合理的。因为对孩子放手不是放任不管，也没人想真正地苛求孩子，而且父母一当就是一辈子，要承担更多的责任。这些反映了教育的一个方面，而另一个方面在于孩子：他们一方面愿意依恋父母，另一方面，他们也希望父母能放手。这种互动关系有时很和谐，有时却是一场大戏，戏的名称是："扶住我，放开手；放开手，扶住我。"这台戏总是不断地重新编排，重新上演。这意味着，和某些亲子书籍所描述的情况相比，亲子的现实生活要复杂得多。人一般需要一个条条框框能将现实分门别类地套进去，这种将一切简化的愿望是可以理解的，却完全不符合家庭的日常生活。

为人父母是个好工作

教育不是在真空中进行，也不是在生活之外进行，在教育完成之后，我们就可以把孩子交给现实生活。其实不是这样的。不管人们是否愿意，教育每时每刻都在发生。不进行教育，是完全不可能的。人们不可能在"今天我教育一下"和"明天我休息一下"之间进行选择。同样，人们也无法准确地预见教育的结果。教育的作用是不确定的：一个生龙活虎的孩子将来并不一定就能成为一个能干的企业家。换句话说，一个自信的、独立的孩子，如果遇到逆境，很可能会变成一个充满了怀疑和自我怀疑、不敢去外面闯荡的宅男或宅女。教育虽然随时都会发生，却什么也不能保证。尽管如此，我们仍然不能放弃对孩子进行教育——这种父母和孩子之间的互动关系，即使无论如何都要进行的教育什么都保证不了，也要像希腊神话中的西西弗斯一样，反复尝试各种教育方法，这是当代父母的座右铭。

所以说，对某些父母或者某些父母做法的公开谴责，实际上偏离了教育的初衷，尽管其初衷是善意的。分门别类的思想对于教育这种西西弗斯式的工作是毫无助益的。职业妇女在与家庭主妇的对比中被淘汰出局；有的父亲休了育儿长假，有的父亲害怕中断职业生涯而没有休假。类似这些对比不能给我们带来任何收获。

> 我不会去重复已经有人做过的事情。我感兴趣的是，下一步
> 必须要做哪些事情。
>
> ——居里夫人[①]

在此背景下，光荣的过去和糟糕的今天被放在一起进行了比较。其基本观点就是，过去一切都更好，尤其是在过去，人们能够更好地对孩子放手。但是，这些谈论过去的话语，对今天的父母来说是没有任何意义的。今天并没有变得更糟，过去也并不是更好，只是环境不同罢了。大环境发生变化了，而这些大环境恰恰对父母的行为产生了影响。今天的父母实际上在教育上都做得不错，都很小心，很贴心。说到这儿，有些人就会问："您真的这样想吗？"我当然是这样认为的，而且我也清楚地知道：家长在日常生活中以不同的方式尝试着放手。我也知道，在标尺的一端是一些难以对孩子放手的家长，而在标尺的另一端则是一些根本不给予孩子任何支持的家长。

---

① 玛丽·居里（Marie Curie，1867—1934），波兰物理学家和化学家。

护驾直升机式的家长和善意忽视

在上述那些极端情况下，放手与支持之间容易出现失衡的状态，所以我们将就此略做分析。

有些父母的确有点像大家常说的"护驾直升机"，在把孩子交给幼儿园之后，仍然像老鹰看护鹰巢盘旋在天空一样，守在幼儿园附近。而他们之所以这样做，也不过就是为了看看孩子在幼儿园里的境况如何。有些父母为了不让孩子淋雨，总是开着私家车把孩子直接送进学校。有些父母为了保证孩子毕业时能拿个不错的结业成绩，经常和老师争执不下。这种父母只希望给予下一代最好的东西，并且对孩子进行全天候的监护，就像空中的护驾直升机一样，或者按照传统的说法，像地面上咕咕叫的老母鸡（参见第92—98页内容）。这就是所谓的不能放手，而且在这个过程中，通常孩子本身并不是重点。护驾直升机般的父母并不是无私奉献，这种养育行为往往捆绑了一些硬性的条件，孩子将来也必须满足这些条件："当初我对你百般呵护，现在你也得对我呵护有加。"护驾直升机式父母兴许是一种新式的父母，但隐藏于其后的这种观念其实由来已久，正如《圣经》里所言："太阳底下无新事。"

上文讲述的这种护驾直升机式或者说老母鸡式的父母，他们与孩子之间维持了一种过度密切的错误关系，与此同时，还存在着一种在物质娇惯中产生的失联，而且这种失联的状态是按照既定的程序运行着的，今天大家通常称之为"善意忽视"。在这种状态中，父母往往把亲子关系和消费混淆了，把物质供应和养育混淆了。在充足的物质供应中，父母却没有投入情感。他们把子女的房间填得满满的，把孩子打扮得很时髦，身处优渥生活之中的孩子好像也不能再抱怨什么了。但是孩子觉得自己一个人被撂在那里，显得孤独寂寞。他们好像什么都不缺，但是又好像一无所有。他们缺少亲情，缺少支撑，缺少安全感。表面上看，家长好像放开了孩子的手脚，实质上他们是被单独丢在那里。

大多数的家长

　　大多数的家长——他们在公共讨论中一向是重点讨论的对象——通常想努力建立一种良好的亲子关系，但总是遇到各种各样的困难。他们提出了很多问题，并希望找到明确的答案。本书的作者正是像读者您这样的大多数家长。本书将帮助读者朋友按照孩子的禀赋接纳他们，陪伴孩子踏进人生的旅途。本书希望读者朋友明白一个道理：孩子是可以犯错误的，家长也不可能完美无缺。因为只有您接受自己，重视自己，您才能好好照顾自己，您才能过得好。也只有您本身过得好，只有您相信自己的能力，尽管不是事事顺意，您的孩子才能过得好。只有这样，尊重才能成为亲子关系的基础，您才能放心地让孩子直面人生的际遇。

保持运动的状态

　　教育孩子不是一件容易的事情，可与通往北极之路相提并论。走在这条路上不会一帆风顺，而且还会陷入危机。因为这个工作实在是太辛苦了，人们有时不得不停下脚步，喘口气；有时也会因为取得了进步而欣喜，因为自行找到了解决问题的办法而万分骄傲。也许，在遇到阻碍时，您不得已要采取迂回的战术，而且要一再地调整自己去适应新的情况。无论怎样，在这条通往北极的道路上，您不能长时间地停滞不前而被冻成冰柱，您得保持运动的状态。

> 运动是人类的本质，绝对的静止是圆寂。
>
> ——布莱兹·帕斯卡尔[①]

这句话也是关于放手这一艰巨教育任务的至理名言。放手意味着启程上路，意味着不断成长。无论对家长还是对孩子来说，道理都是一样的。在放手这个过程当中，家长和孩子作为个体处于一种互动的关系中，相互影响。放手这个过程很不容易，时常令人头痛，有时甚至令人伤心，但是大多数情况下很精彩。

过去的亲子关系是否更理想，这一点我们暂且放在一边，因为历史性的比较对爸爸和妈妈们毫无助益，大家的问题都是当下的问题，是从当下的时空环境下产生的问题。为今天的家长提供指南是本书的定位，这本指南从下面这个小测试开始。

[①] 布莱兹·帕斯卡尔（Blaise Pascal，1623—1662），法国学者、哲学家。

测试：您将如何做出反应？

　　请放心，我们没有打算以此评估您的教育知识，或者由此检测出您的不足之处。我们相信，您具备教育子女的能力，而且很关心孩子健康的成长和发展。但子女教育贯穿整个家庭生活，确实是一件艰辛的事情。在一切顺遂的时候，我们对自己、对孩子以及对外界都很满意，而且孩子看起来也很平和、很欢喜。但有些时候，或多或少所有的事情都不是很顺利，一桩事紧跟着一桩事。在这种情况下，家长可能会产生无能为力的感觉和对自我的怀疑，他们希望通过学习教育学的知识来摆脱这种无力感和自我怀疑。

　　但是子女教育不只是一个理论，还需要实践的证明。在实践中，父母们必须迅速地做出决定，第六感和直觉比经过理论论证的完美措施更重要，尤其是在要决定是否应该放手的情形时。我们在下文中列出了在家庭生活中会出现的各种不同的情形，您可以从三个答案中选择一个。

　　您在本书的第154—159页可以找到关于答案的具体评估。这个测试不是为了将您确定为某个类型的父母，而是为了帮助您在教育实践中改善自我定位，必要时您可以有针对性地做一些调整。

第一种情形

　　帕特里克正在学习走路。他用孱弱的小腿站立在这个世界上，小心翼翼地晃来晃去，不时地摔倒在地，站立起来，然后又"扑通"一声趴在地上。他四处张望，看到了爸爸。爸爸手里拿着报纸，观察着帕特里克的情况，爸爸的神色有点犹疑。帕特里克努力站了起来，可是随即又摔倒在地，趴在那里开始扯着嗓子大哭。

　　您如何应对？

　　1. 其实这是帕特里克的一个小把戏，他只不过是想吸引我的注意力。如果我什么事都要管，那我将一刻不得闲。帕特里克早晚得学会走路，只要我待在离他不远的地方就好了。

　　2. 您立刻来到帕特里克身边，安慰他说："没事！没事！摔倒是正常的！"您试图让他平静下来。

　　3. 您看着帕特里克，微笑着走过去，抓住他张开的小手，把他短暂地抱在怀里，然后又让他站在地上。您把手递给他，让他感觉到有个支撑。

第二种情形

　　三岁的苏菲在厨房里看着您处理蔬菜。"我要帮忙，我要帮忙。"苏菲嚷道。您想："刀太锋利了，苏菲会伤到自己。玩刀，她年纪是不是还太小了？"但是苏菲还是坚持要一把刀跟着您处理蔬菜。

　　您如何应对？

　　1.您忽略女儿的愿望，安慰她说以后再让她玩："你还太小，不能玩刀！看，你会割到自己！如果你把自己割疼了，你就会不高兴了！等你再长大一点，就可以帮忙了。"

　　2.您取来一把小刀，向苏菲演示如何正确地用刀切黄瓜。然后你把刀交给女儿，在旁边观察她是怎么样握着刀切黄瓜的。苏菲备受鼓舞，冲着你微笑着。她在切黄瓜的时候充满了自豪感。您马上夸奖道："苏菲，你真棒。"

　　3.您拒绝了苏菲的要求，提出了一个建议："爸爸（妈妈）抓紧时间干活，你再等一会儿，干完活我们一起做游戏……"

第三种情形

您每次把莫里茨送到幼儿园的时候，他都哭得很厉害。但是您听幼儿园的阿姨说，您走了之后，小莫里茨很快就平复下来，跑去跟小朋友们做游戏了。

您如何应对？

1. 莫里茨的伤离别是正常的。您和他确定了一套告别的仪式：您拥抱一下莫里茨，在他的脸上亲三下，然后把他交到幼儿园阿姨的手中。最后您慢慢地离开，向他摆摆手。您相信，他在幼儿园一定没问题。

2. 您想回避分别之痛，因为这会让您的儿子很难过。在把儿子交给幼儿园阿姨的时候，您想办法转移他的注意力，然后简单说两句，就马上离开。您希望莫里茨能自己安静下来。

3. 因为您把莫里茨独自丢在幼儿园，觉得良心上过不去。于是您想可能莫里茨上幼儿园年纪还太小，是不是要把名额退掉，然后把儿子放在家里照看。

第四种情形

保罗四岁了，他的房间看起来像刚被炸弹袭击过一样。保罗对乱七八糟的房间一点也不介意，反而您越催他一定要把房间整理一下，他反倒越坦然。即使您威胁他说："如果你不收拾，我就不给你读故事书了！"他也只是耸耸肩膀。

您如何应对？

1. 也许他在乱糟糟的房间里理不出头绪，已经不知道怎样才能恢复秩序。于是您给他一个建议："我先帮你收拾五分钟，然后你自己把其余的收拾完毕。"您是这么说的，也这么做了。

2. 您想到保罗不会自己整理房间。在他去幼儿园的时候，您把房间整理了一下。

3. 您非常生气："难道他应该继续乱糟糟地过下去！我可不是他的清洁女工！"您忍受不了保罗的邋遢，于是开始威胁他说："如果你不收拾房间，那以后就不许看电视了！"一旦保罗慑于您的威胁，开始整理房间，您就会想："为什么一定要凶起来，他才听话？可是如果吼管用，这又算什么办法呢！"

第五种情形

彼娅快六岁了，马上就要去上小学了，她对此非常憧憬，因为这意味着她长大了。可是，就在离开学还有几周的时候，彼娅突然对上学失去了兴趣。当她听到"学校"这个词的时候，反应非常强烈：她一会儿头痛，一会儿肚子疼；一听说上学，就把耳朵捂起来。她对上学完全是一种抗拒的态度。

您如何应对？

1. 您觉得上学对彼娅来说可能太早了，您考虑是否应该让彼娅在幼儿园再待上一年，等她再大一点再去上学。您也在琢磨，是不是彼娅的胆怯给您造成了压力。您的思绪有点凌乱了。

2. 我们不可能总把孩子放在温室里。上学是必需的，每个人都要面对这个考验。等彼娅上了学，她就会习惯了。第一步总是艰难的。

3. 我不再提上学的事。彼娅还不到六岁，还没长大！即使她离开幼儿园，我也要想办法让她有足够的时间玩耍，有足够的时间留给自己。

第六种情形

八岁的马里奥总是把房间里的东西到处乱扔。您对此未发火，但是也跟他说清楚："如果你东西找不到了，得自己想办法。我不会给你买新的。"马里奥非常自信地回答说，他不会找不到东西的，他知道所有东西的位置，所有东西都在他的掌握之中。一天，马里奥的MP3不见了，他到处找啊找，就是找不到。

您如何应对？

1.因为您的儿子太绝望了，您就给他买了一个新的MP3，但是同时警告他："如果MP3再不见了，我不会再给你买了。"

2."我早就跟你说过，怎么样！你看看还能不能得到一个新的MP3，想跟我要，绝对没门儿。这就是你的邋遢造成的！"

3.您和马里奥一起想办法解决这个问题，您建议他可以把零用钱积攒下来，然后去买MP3，但是您坚持自己不会给他买MP3。如果马里奥觉得您太坏了，您也不介意。

第七种情形

八岁的迪默一直是一个很自信的小伙子。但是有一天，他变得有点内向、胆怯，做任何事情都没了自信，总是黏在您的身边。看起来您好像都不能出门了，得一直待在迪默的身边。

您如何应对？

1. 迪默可能是在年纪小的时候没有建立起足够的自信。但是我如何才能回过头来给他补上这一课，让他获得更多的自信呢？您试着在自己身上寻找迪默举止变化的原因。

2. 这就是一个阶段性的现象，做父母的也无能为力。好吧，那我就多陪陪他，但是也不能过多。因为这样做他会得寸进尺，一旦形成依恋，将来他就不一定有能力应对生活了。

3. 迪默这段时间长大了，这种变化让他变得有点胆小。我不是他的保姆，不能全天候地照顾他，我有权利享受自己的生活。但是我会给他制造可靠的感觉，如果我离家一段时间，我会告诉他我什么时候回来。

第八种情形

　　十岁的帕特里西亚（女）有几个小伙伴，非常不适合她。因为她们都穿着怪异，打扮得很妖艳，而且在您的眼里，她们说的话也很粗俗。您担心，时间太久了您的女儿难免会受到这种恶劣的影响。

　　您如何应对？

　　1.您把她的女朋友们都邀请过来，尽管您的女儿觉得您这么做让她很没面子，但是您非常想知道，为什么女儿对她们那么感冒，您想切实地了解一下这帮女孩子。

　　2.您禁止女儿和这些女孩来往。虽然您知道这种禁令会带来逆反心理，但是您觉得最好现在就给她划出交往的界限，以免将来出大乱子。

　　3.在这个年龄段，这些都是正常的。父母一般也没什么办法。帕特里西亚得自己积累人生经验。我希望我已经给她打下了很好的基础，她能够正确对待这些事情。

第九种情形

十二岁的马克思长大了，个子也长高了，但是对学习毫无兴趣，您担心儿子有一天会变成懒蛋，于是天天催着他写家庭作业。马克思总是很不耐烦地说："我马上写。"或者说："今天根本没有家庭作业。"

您如何应对？

1. 如果现在不坚持，他的学业就够呛了。所以，您对玩手机、电脑和看电视的时间都进行了严控。如果马克思表示抗议，您就对他说这事只能怪他自己了。

2. 您不知道怎么办了，因为情形比较糟糕。您深陷于同儿子马克思的"权斗"之中，无法解脱。于是您找到了一家咨询中心寻求帮助来解决问题。

3. 马克思必须自己积累经验，尽管这种经验可能很痛苦。如果他愿意，可以来找我，但是我不会主动给他提供帮助，他得自己想明白。这种事该放手的时候就得放手。

第十种情形

　　十三岁的安娜贝尔越来越远离家庭成员，不愿意和您以及其他家人接触，她抵触您给她分配的所有事情，尽管原来她非常喜欢这些事情。现在，她对父母、兄弟姐妹，甚至对整个家庭都毫无兴趣。

　　您如何应对？

　　1.青春期是父母无可奈何的一个时间段，在这个时期，成长中的孩子开始自己安排生活。在青春期，父母的教育已无能为力，而且任何说教都毫无意义。如果一味强求，只会弄得自己身心憔悴。

　　2.只要她还依恋我生活，她最好还是听我的话。我们要不要试试，在家里到底谁说了算？

　　3.我希望无论如何也要把良好的亲子关系正常地维系下去。不过，和以前相比，这种亲子关系可能要有所改变。我会和安娜贝尔聊一聊，看看可以做出哪些调整，既可以让她有自己的空间，也要安排一些时间和家人在一起活动。就哪些时间和家人一起做哪些事情这些问题，我会和她达成一个协议。

第十一种情形

　　十五岁的卞卡经常和她的小女朋友们在城里约会，去咖啡厅聊天，但这个咖啡厅的名声不是很好。您允许卞卡去这个咖啡厅，但是每次都和她讲好了回家的时间。卞卡同意了这个协议，但是经常晚归。她经常打电话回来，找出各种理由解释为什么又要晚归了。

　　您如何应对？

　　1.终于有一天您等得有点心急了，于是就给卞卡下了一周的禁令，不许她去那家咖啡厅了。您安慰不了卞卡，但是，无论她哭哭啼啼还是愁眉苦脸，您都没有心软。

　　2.您以前也曾经是这个样子。上帝保佑，她会找到自己的路。做父母的又能怎么办呢？

　　3.您和卞卡单独进行了一次谈话，告诉她，如果她不能准时回家，您会非常担心。而且也告诫她，要遵守约定，如果将来她还是做不到，就要考虑到失信的后果。每次卞卡去咖啡厅的时候，您都提醒她要守约，以及违约的后果。

第十二种情形

　　二十岁的丽贝卡从家里搬了出去，但是她经常打电话回来求助。时间长了，您就有点不耐烦，有时会控制不好情绪。丽贝卡感觉自己不被理解，不被接纳，不被关心，不受人待见，而且也让您意识到了她的感觉。

　　您如何应对？

　　1.您马上意识到丽贝卡还不能独立生活，但是她非要搬出去。下次她再打电话来，您会跟她说："你得自力更生啊，是你自己要搬出去，自己要独立自主的，现在你也得说到做到。"

　　2.丽贝卡看来是应付不了了，她让您很难受。如果您没有表现得不耐烦就好了。您在考虑："我最好马上去探望丽贝卡，去安慰她一下，给她提供一些建议和帮助。"

　　3.您和女儿约好，她要定期跟您联系，商量问题。您会倾听女儿的烦恼，但是不会马上给出建议，而是先问问她自己想到了哪些解决问题的办法。

第十三种情形

二十岁的卡洛到离家几千公里之外的地方留学去了。您非常挂念他，天天打电话过去。但是电话里听起来他越来越不耐烦，越来越没礼貌。终于有一天，他在电话里怒了："别烦我了，让我安静会儿吧！"然后，他就把电话挂了。

您如何应对？

1. 尽管您非常挂念他，但是也能理解卡洛可能是感觉到被打扰，受到了过分关心的心情。于是您给卡洛写了一封电邮，建议每周和他通一次电话。在信中，您希望卡洛能就此表个态。

2. 在电话被卡洛突然挂断之后，您又给他打了过去，并要求他道歉。说到底，做父母的还是要为孩子的行为负责。

3. 您觉得受到了冒犯，于是发誓再也不给他打电话了。等到下次有机会，等他回来看望您的时候，您会郑重地跟他讲："挂断父母电话的行为是绝对不允许的。"

第十四种情形

　　二十一岁的维奥莱塔三年来一直在一个很远的地方参加职业培训。尽管每隔一段时间她都回家看看，可是平时她的房间空荡荡的，感觉没有一点人气。一天，您跟女儿说，想把她的房间挪作他用。维奥莱塔觉得受到了伤害，她说："那我以后根本就不用回家了！"

　　您如何应对？

　　1. 您觉得自己错了，收回了这个建议，家里一切照旧。您觉得好像您的这个想法对女儿来说有点过分，您像乌鸦妈妈一样，要把自己的孩子从鸟窝里赶出去。

　　2. 您跟女儿解释说，要把她的房间改造成一个客房，她随时回来都可以住进去。平时，您要用这个房间做点手工活或者其他事情。

　　3. 您把女儿训斥了一顿，禁止她这样跟您说话："如果你不想回来，就别回来了。爸爸和妈妈没有你也能过日子！"

起步阶段的放手

"当小克里斯蒂娜开始从我身边跑开的那一刻起，我就意识到，早晚有一天她会离我远去。这种分别之感开始得好早啊，我真的被吓到了。"这位母亲的体验切中了要点:孩子脱离父母,或者说父母脱离孩子,并不是从青春期结束时才开始的。实际上，当孩子见到这个世界的第一缕光线时,这个分离的过程就已经开始了。尽管做父母的也许更愿意把孩子拢在身旁，但终有一日父母要放手，这个挑战从脐带被剪断的那一刻就开始了。

孩子的成长发育是一出大戏

孩子来到这个世界上，作为一个小生灵注定有一天要离开父母的怀抱，学会独立生活，而且是自我意识非常明确地生活。这种走向独立的突破一而再，再而三。孩子的成长类似戏剧剧情的发展:扶住我，放开手—放开手，扶住我!这种模式适用于孩子的每个成长阶段。无论是婴幼儿阶段，还是幼儿园时期;无论是上了小学，还是青春期闹翻天或者离家而去的时候，都适用这种戏剧模式。每个成长阶段都会对父母和孩子提出挑战，而挑战的形式可能五花八门。

读懂婴儿和幼儿

第一次把小宝贝抱在怀里，是父母一生难忘的时刻。看着宝贝像小虫子一样，嫩嫩的，柔柔的，一副弱不禁风的样子，您发誓一定要对他百般呵护，用爱心陪伴着他成长。这种做法是好的，也是正确的。因为这种爱护可以给孩子带来最初始的信任感和一种安全的依恋感——这是一种可以完全依恋别人的感觉和信任（见下文信息页），这种信任和依恋构成了建立自信的前提条件，由此才能养成一种既自信又有担当的人格。

也许您想满足孩子的一切愿望，或者也许不是全部。因为作为全身心投入的父母，您要知道给孩子划定界限有多重要。也许您在怀孕的时候就通读各种育儿指南，您的脑子里充满了各种教育理论，但是现在要开始实践了，许多年轻的父母面临的第一个问题就是：我的小宝贝想要对我说什么？婴儿不会说话，至少不能使用语言，但是他们能运用自己的身体，通过手势和表情还有大喊大叫进行沟通。尤其是养育第一个孩子的时候，年轻父母们通常不太有把握能正确地理解孩子发出的信号。父母都不想理解错孩子的意思，孩子要舒舒服服才行，最重要的是孩子不要出事。这样一来，放手就变得很棘手了。

一方面，妈妈生下了孩子，另一方面孩子也造就了妈妈。

——盖尔特鲁德·冯·乐·福特[1]

弗兰西斯卡是八个月大的璐卡的妈妈："如果我的璐卡出了什么事，我一辈子都高兴不起来。他现在八个月了，是个好宝宝。我当然希望从小的时候起孩子就不要出差错。他是我的宝贝，我现在要为这个小家伙负责，对他呵护备至是理所当然的，所以我不愿意把他交给别人，宁愿

---

① 盖尔特鲁德·冯·乐·福特（Gertrud von Le Fort，1876—1971），德国女作家。

知识

什么是依恋？为什么说依恋如此重要？

依恋理论是英国儿童心理学家约翰·鲍比（John Bowlby，1907—1990）于20世纪50年代提出的。他的同事——美国发展心理学家玛丽·艾斯沃斯（Mary Ainsworth，1913—1999）对依恋理论进行了实证（以"陌生的环境"一词闻名）。依据此种理论，依恋是孩子与某些人的一种长期的情感关系，这些人不但能给孩子提供保护，还能在危急时刻，例如孩子感到恐惧或者悲伤时给予安慰和支持。这些人要与孩子密切接触，通过肢体、眼神、语言和声音使孩子和自己之间形成依恋的关系。孩子最重要的依恋对象大多是父母，当然也可以同时和其他人建立依恋关系，比如祖父母、婶婶或者姨妈、幼儿园的阿姨等。重要的是，孩子依恋的对象要能够正确地理解孩子的依恋行为，并且能够对此做出恰当的反应。

当孩子哭泣的时候，爬向或者跑向妈妈或者爸爸的时候，当大人想把孩子放下，而孩子紧紧抱着大人拒绝离开的时候，这就意味着大人需要对孩子进行安抚和帮助。依恋的对象对孩子来说是"安全的基地"（按照依恋理论研究者的说法），是"安全的港湾"。孩子从这个港湾开始，先熟悉周围的环境，将来再去探知更广阔的世界；从这个港湾出发积累自己的经验，一旦产生不安全的感觉，或者遇到危险，又可以返回这个港湾。因为孩子知道，在这个港湾里，自己会受到保护。

自己带。我先生总是批评我,说我对孩子一点也不放心。可是他说得轻巧,他很少和璐卡在一起,看我带孩子好像一切都很轻松。其实危险无处不在,尤其是现在璐卡已经开始会爬了,我总要在他后面揪住他的裤脚,这样我才能保证他的头不撞到什么东西,我几乎随时都得跟在他旁边一起爬来爬去。"

生长发育首先意味着运动

人的一生,从出生到耄耋之年都在生长发育。生长发育意味着不断地改变。儿童和少年时期的改变比成人时期要明显和深刻得多,但是即使作为成人还是要完成几个生长发育的任务的,这一点我将在后文中进行讨论(参见第 135—153 页内容)。对于婴幼儿来说,运动机能的发育是最为重要的生长发育步骤,这种机能构成了孩子与外界环境接触的必要条件。

> 变动是宇宙中唯一永恒不变的东西。

> ——赫拉克里特①

小宝贝依偎在妈妈或者爸爸身上的时候,会伸胳膊撂腿,好像要挣脱父母的怀抱。有些父母领会了宝贝的这个信号,就把他放在地面的毯子上了,可是小宝贝又开始哭喊:"把我抱起来。"这个"抱抱我,放下我"的游戏可能会持续一段时间。父母应该配合宝宝,因为宝宝对于依靠和

---

① 赫拉克里特(Heraklit von Ephesos,公元前 535—公元前 475),希腊哲学家。

自由这两者都非常需要，当然不是同时，而是有个先后。而且宝宝自己会指引方向，决定哪一种方式在什么时候对他来说是重要的。当宝宝长大一点的时候，就开始用肚子移动，然后是四肢爬行，过不了多久，就开始用双臂支撑着抬起上身。宝宝逐渐克服了当初把自己压在地面上的地心引力，努力地站起身来，向前挪步，直到再次摔倒。他已经可以走路了，摔得青一块紫一块又算什么！

在德语里"运动"（Bewegung）一词既包含了"道路"（Weg- 名词形态），也包含了"离开"（weg- 副词形态）的含义。孩子在小小年纪就走上了通向自己生活的道路，这是一条离开父母的道路。上文中，弗兰西斯卡揪住孩子裤脚的做法太过于小心了，对孩子的发展限制过多。

孩子要探索世界

在运动技能发展的过程中，孩子在很小的年纪就表现明显的探索或者猎奇行为，他们会起身去研究陌生的空间和物体。家长不要妨碍孩子的这种探索精神，与孩子对亲人的依恋类似，这种探索对于孩子的健康成长同样重要（参见第 26 页内容）。

当然家长不能由此就放松对孩子的照看，不过，您完全可以放手让孩子做些事情，让他们自己尝试做些事情，让他们自己获得自豪感。如果您的孩子大喊大叫、乱踢乱踏地要挣脱您的怀抱，无所顾忌地要从您的身边爬走，这意味着："让我自己看看还有什么有趣的事情，让我自己体验体验。"您需要给孩子的这种自然冲动留出一定的空间，在孩子的身体生长的同时，思维也在发展。为了促进这种发育，大自然赋予了我们人类依恋的能力、强烈的好奇心以及内在的动力，这三者对于孩子的生长发育都是不可或缺的。

知识

什么是内在动力？

内在动力是一种执着于从事某件事的内部的驱动，而任何外在的因素，比如外界的要求、义务感和奖励在此都起不了任何作用。出于内在动力做事情的人，都是因为其所从事的事情非常有趣、令人兴奋、富有挑战性或者能够带来快乐。在不同的生长发育阶段，内在动力表现为不同的行为，青少年阶段迥异于幼儿阶段。但是无论在哪种情况下，内在动力都会促进孩子追求独立自主。孩子想要我行我素，想要自主地行动，他们为自己呈现的能力满心喜悦，我们不应该剥夺孩子的这种快乐。

一种不可分割的相互关系

一方面是依恋、掌握、扎根，另一方面是探索、放手、自由。从表面看，两方面似乎是自相矛盾的，但是从人类心理发展的角度来讲，这一矛盾恰似一枚硬币的正反面。正如大文豪歌德所说的那样，儿童的发展既需要"根基"，也需要"翅膀"。只有两者兼备，儿童才能长大、进步，而且在成年后也能够体验到这枚"硬币"的两个面，既能信赖别人，建立可靠的依恋关系，又不会在这种依恋中迷失自己，而是仍然能够意识到自己的自由独立，能够自主地行事。

建议

促进儿童的探索性行为

我们应该把儿童生活的环境安排得有利于他们对世界探索，我们需要进行一些刺激来诱发孩子深入地去观察外界事物。在幼儿时期，观察一定意味着触摸和改变，最理想的地方就是厨房，因为厨房里有柜子、抽屉、各种各样的物体和工具（比如木铲、铁锅等），这些东西为儿童探索世界提供了丰富的机会。在摆满了花盆的起居室，还能发现遥控器，当然还有房子外面的花园，这些对孩子来说也是极为有趣的地方。而有些玩具因为设定了游戏的规则，不允许做出变更（比如电子游戏），则不适合用来促进孩子的身心发展。

第一次的分离之痛

做父母的除了会担心孩子出意外，通常还会感受到第一次和孩子分离的痛楚。有的父母对孩子呵护备至，跟孩子形影不离，这其实不只是一种过度的呵护，而且也是因为害怕自己承受不了分离的痛楚而进行的自我保护。

玛莱克（一岁半李昂的妈妈）："当我的小李昂迈出第一步的时候，我心里一颤。他兴高采烈地从我面前走开，欢呼雀跃，不再回头看我，哪怕一眼。这时一个念头从我的脑海闪过：从现在开始，他不再属于你了。我的意思是说，我当然知道，他反正也不属于我。孩子虽然不是我们的财产，但也还是个小东西啊。他就这样跑掉了，头也不回，突然就冒冒失失地、勇敢地往前闯了。我马上跟上去，把他抱了起来，想安慰一下他。可是我的小李昂什么反应呢？他一点也不想被安慰，挣扎着要脱离我的怀抱，我对他有点无可奈何了。这确实让人有点伤心，因为你突然意识到你不再被需要了，而且这个时刻来得这么早。也许无论怎样，这一切都是正常的。尽管如此，还是很让人伤心。"

玛莱克的先生施德凡很理解妻子的心情，尽管他本人有不同的看法。

施德凡（李昂的父亲）："我妻子的想法是好的，她绝对是个好妈妈。但是我感觉，她好像很难面对小李昂越来越独立、不再听任大人安排这个现实。我想我小的时候也是这个样子，至少我的母亲经常这么讲。既然当初这对我是有好处的，为什么现在对我们的儿子没好处呢？我觉得他现在颤颤悠悠地向世界迈步是一件很棒的事情，他早晚会健步如飞，只不过现在他还得摔几个跟头，这是必然的。但是我妻子听不了这些，她会说：'你太残忍了。'可是我不觉得，我认为李昂得自己尝试，这对他来说非常重要，只有通过亲自尝试，他才能独立起来，而且开始得越早

31

越好。"

对孩子越来越独立这个事实，不同的父母会有不同的反应，这里面的原因有很多种，很多时候往往和自己所经历的教育有关，跟自己当初是否体验过依恋与放手之间的平衡有关。之所以妈妈一般都很难面对放手的事实，可能是因为她们经历过怀孕、分娩和哺乳期，妈妈和孩子的关系更加的紧密，因而对于孩子离开父母的过程更加敏感。可是，无论怎样，妈妈们也不能被这种分离的伤感所左右，虽然这种感觉让人很难受，但是您也得看到积极的一面：当您的孩子学习走路、探索世界，试图离开您的时候，这说明他在健康地成长。

小汉斯和他的妈妈

您的宝宝有一天会长大，而且会离开您，如果您一想到这一点就伤心，那么您就想想《小汉斯还小》这首儿歌，想一想歌曲里妈妈的态度：虽然她很伤心，但是她没有把小汉斯圈在身边，从她的目光中可以看出，她希望小汉斯一路好运。因为是妈妈让小汉斯离开，所以汉斯可以在七年之后以成人的模样再回来，妈妈和汉斯可以在一个新的人生高度重新团聚。

小小汉斯

独行

进入广阔的世界中。

手杖和帽子

佩戴停当，

他很高兴。

但妈妈哭得很伤心，

她现在没有小汉斯了！

"祝你好运！"

她的目光说：

"早点儿回来！"

七年

阴与晴

小汉斯在异乡。

那个孩子

忽然想起，

忙向家赶去。

现在可没有小汉斯了。

不，他是个大汉斯了。

额和手

被晒成褐色

他能被认出来吗？

当然妈妈一眼就认出来是汉斯，在歌谣的第三段也是最后一段唱道：

"上帝啊，我的儿子。"她记得可清楚了，"我的儿子"，而不是我的"小汉斯"。

如果父母双方都要上班怎么办？

在宝宝出生之后，如果妈妈很快要回到工作岗位，那就会面临要把孩子提早交出去的情况。当小家伙刚刚开始匍匐着探索周边环境时，就要经历第一次分别的伤感。考虑到这一点，搁下孩子去上班，对于很多父母来说，当然不是一件轻而易举的事情，但是即使上班的父母依然可以成为孩子健康发育的"安全港湾"。

萨比娜（她的小宝宝卡特琳才五个月大）："一想到这儿，我的心都碎了。我的小宝宝才五个月大，现在我必须把她送到幼儿园，因为我不得不去上班了。我当然还想待在家里，但是确实不行啊。现在我们已经开始倒计时，我还能在家里待十四天。我一想到要把小家伙交出去，就禁不住要哭出来。我和小宝宝已经彼此适应了，现在却要……当然，我也在劝自己，她在幼儿园一定会很好的。我知道，幼儿园里的人都很和蔼，其他的小孩在那里待得都不错，这些我都观察到了。小宝宝在离开妈妈的时候也会过得很好，也许正是这一点令我有点胆怯。我和小宝宝彼此已经心心相印，如果还能继续体会被需要的感觉，那才带劲。可是现在，难道这美好的一切都要过去了吗？如果是这样，那我只能痛哭流涕了。"

魏瑞娜（六个月的弗里塔的妈妈）："在我怀孕的时候，我就决定要尽快回到工作岗位，我觉得工作真是太好了。当然，我的弗里塔更好，每天早上我把她送到幼儿园，有时确实也不是很轻松，她会大喊大叫要妈妈。但是我也知道，我前脚一走，弗里塔很快就会把妈妈忘到脑后，一切恢复如初。而且她在幼儿园已经学会了很多东西。可是，我的一些朋友却不这么看，他们批评我说：'孩子还那么小，你怎么能马上就去工作呢？'而且弗里塔生病的时候，我也会想，她之所以生病是因为我去上班呢。但是，我也看到她和其他小朋友一起玩得有多好，而且我希望看到她通过和其他小朋友的接触尽早学会如何建立人际关系。我有时确实有点左右为难，尤其每次我去接她的时候，她看都不看我一眼，用假装不理睬的方式来惩罚我，好像她不属于我。是啊，实际上也确实是这样，她是一个独立的小生命，在某些时刻，她就是在向我展示这一点啊。其实从根本上讲，我也希望她能越来越独立，我觉得这是好事。可是尽管这样，我有时还是觉得她可以不要妈妈这种想法很奇怪。"

一说到带小孩的职业女性，就会听到"乌鸦妈妈"这样越来越响亮的谴责声，因为大家认为抛下孩子去上班超出了小孩子在情感上的接受范围，孩子由此不能和母亲建立固定的依恋关系。这种观点其实属于那种受固定意识形态影响的迷信。而对亲子依恋关系各种严谨的研究显示：成功的亲子关系不是数量的问题，绝不像俗话所说妈妈和孩子共度的时间越多，双方的关系越牢固。将两者简单地等同，会带来很多问题。这一点在关于"直升机妈妈"（参见第 5 页内容）的探讨中会看得很清楚，这种妈妈全天候地围着孩子转，不给孩子一点空间和时间独立发展。依恋关系（参见第 26 页内容）其实更是一个质量的问题，从这个意义上讲，即使是职业女性也能够成为孩子固定依恋的对象。

建议

如何才能使每天的告别变得轻松些?

尽管客观的证据表明,母亲工作不会给幼儿带来心灵的创伤,但是主观上却是另外一番景象——妈妈们几乎每天都会感觉到良心上过不去,甚至落下伤心的眼泪。下面的办法将有助于您每天的告别变得轻松一点。

> 您要和其他同道的妈妈建立联系,在妈妈圈子里交流经验,这样可以减轻压力,获得帮助。只有自己照顾好自己,才能为他人出把力。

> 您要注意,您的孩子只有很少的几个固定的、可以信赖的对象:幼儿园的阿姨、家里的日托保姆、爷爷奶奶。

> 父母需要一套仪式来操作,这些仪式能够给孩子提供一种支持,例如早晨的亲昵、一起共进早餐、临睡前的故事……包括幼儿园的接送环节都要有清晰的流程,这个流程可以让孩子能够承受分别的痛苦,强烈的情绪由此可以得到缓解。

> 凡是想去工作的人,无论出于什么理由,都要具备清醒的自我意识和自信,这样的态度对孩子也会产生正面的影响。

做孩子安全的港湾

当您的孩子自主地向自己的世界迈出第一步时,他可能还会回头看看，确定一下爸爸妈妈是否在自己的身边。他倒不是顾及父母的感受，而是为自己的本领感到骄傲，对新的体验感到欣喜。完全独立是一种很棒的感觉。有些父母会可怜巴巴地站在那里，感觉有点小分裂：一方面，他们为孩子健康地发育感到骄傲，为孩子能够好奇地探索周边的小世界而喜悦。可是，另一方面，这个时刻不可否认地有点让人黯然神伤，这里面会掺杂着疏远的感觉，让人不禁潸然泪下。

要鼓励，不要哭哭啼啼

当然，您的孩子挣脱您的怀抱，开始探索周边世界时，这并不意味着他不再需要您了。相反，他会经常回头看看您的态度。这个时候，您要从发挥积极影响的角度去"祝福他"，就像小汉斯的妈妈那样，给予他勇气，并微笑着鼓励他。这对孩子来说，就意味着你在跟他讲"你可以搞定，我相信你"。在您的儿子或者女儿试图做出任何独立行动时，您要把您的满意和认同表现出来，为孩子感到骄傲，您可以用这个来消除（疏远的）悲伤。

提供支持和给予自由空间

有时小宝贝也会向您呼唤，爬回或者跑回您的身边，那是因为他感觉到不安全，甚至有点害怕了。那么在这一刻，孩子就需要爸爸或者妈妈在身边。也就是说，一旦大海风起云涌，父母则是孩子随时可以停靠的港湾，可以给小姑娘或者小伙子们一种安全的保障。但是孩子会逐渐开始自己决定何时驶入港口。亲密无间是好事情，但是不要忘了保持距离。行文至此，您也清楚了，放手不只是放手那么简单，更重要的是在提供支持和给予自由空间之间找到平衡。有的父母始终提防着、小心着孩子千万别伤到自己，或者按照既定的教育规划诱导孩子向某个方向发展，而不让孩子自己去积累经验。

谁为了获得安全而放弃自由，最终必将失去两者。

——本杰明·富兰克林[①]

刀子、叉子、剪子、火……

"刀子、叉子、剪子、火，小小孩儿不能摸。"这句话谁没听说过呢？依照这句教育谚语，不能让孩子在太小的时候使用剪子、叉子或者点火。还有一个出自《刺猬头彼得》一书中关于小保林的故事。在这个故事里，两只小猫大喊了两声："喵喵，喵喵，救命啊！孩子被火烧着了。"但是小保林最后还是被火烧死了。即使在这个故事里，也有父母指点孩子的痕迹。今天的父母当然都知道严厉禁止和吓唬孩子早已不再是适用的教育指南了。然而，对于很多人来说，在禁止与允许、保护和放手之间确定一条黄金分割线并不是一件容易的事情，尤其是在孩子还小的时候。所以很多家长会易于倾向如何保护孩子免遭风险，一般不会给孩子机会自己去体验。但是经验证明，只有允许孩子自己去体验，他们才能逐渐成长起来。

[①] 本杰明·富兰克林（Benjamin Franklin，1706—1790），美国政治家。

相信孩子的能力

保罗已经两岁多了，一天他坐在厨房的小板凳上，好奇地看着妈妈做午饭。妈妈把土豆去了皮，然后用水清洗沙拉菜。保罗看得很专心，仔细观察着妈妈的每个动作，好像他自己也在头脑中进行着模仿。突然，妈妈的沙拉菜掉了一片在地板上，保罗从板凳上爬下来，把菜叶捡了起来，放在早餐菜板上，又拿起一把从桌子上发现的小刀，轻巧地握在右手中，想要把菜叶切碎。一开始还有点小心翼翼、犹犹豫豫，他看了妈妈一眼，妈妈跟他点点头表示鼓励，又递给他一些菜叶，小保罗满怀信心和喜悦地把所有的菜叶都切成了细条。完成任务后，他看起来非常骄傲和自豪。等妈妈和保罗一起坐到餐桌旁开始吃沙拉条的时候，保罗观察着沙拉条，笑着说："我的沙拉条！"

但是，保罗的妈妈的做法却遭到了其他父母的反对。大家一致认为："要是出了事怎么办？"保罗的妈妈是这样回应的："但是啥事都没发生。"

谭雅（两岁多的保罗的妈妈）："不久之前，我的反应还不是这样的，我进行了干涉，从保罗手里把小刀抢走了，然后保罗就开始闹起来，冲着我大喊大叫：'我，我要，我长大了。'于是我开始反思。我一直把保罗当作需要照顾的幼儿看待，可是他确实已经长大了，已经能够做点事情了，他也想向我展示和证明这一点。于是我开始给他布置点小任务，让他自己搞定。那个不让人放心的小保罗的形象，我得放弃了。"在座的父母中还是有人对此表示怀疑，坚持认为谭雅的做法太危险了。但是保罗的妈妈也用自己的经验和由此得出的结论说服了一些孩子的家长。

放手的同时也要给予保护

两岁的丽萨像着了魔似的被火所吸引，她对燃烧的蜡烛异常着迷，小手指总是伸向闪烁着的火苗。"丽萨，"母亲提醒道，"火很烫，你会被烧伤的。"母亲还在旁边的时候，丽萨会把手缩回来。然而孩子对火进行探究的渴望远远超过了妈妈的警告。只要母亲一进到房间里，丽萨的手指就会再一次伸向火苗。"丽萨！"小女孩害怕了，想要赶紧把手指缩回来，差点碰到蜡烛。"哇！坏妈妈！"母亲气急了："丽萨，我还要跟你说多少次？火很烫，离火苗太近，会被烧伤。你听到了吗？"丽萨厌烦地摇着头。

卡琳（两岁丽萨的妈妈）："我对当时自己的本能反应感到很生气。我当然想保护丽萨，防止她的身体受到伤害。因为她还不能对自己行为的后果做出估计，最后还是我要对她负责。但是丽萨怎么会知道什么是'烫'的感觉。有一天我想到了一个学术报告，讲的是人类抽象的概念都是通过触摸才逐渐形成。突然我想到了一个办法。在当天晚上，我点燃了一根蜡烛，把女儿叫过来，然后把她的手慢慢伸向蜡烛，突然丽萨大叫：'妈妈，烫！'我马上把她的手缩回来。'妈妈，再来一次。'于是我们又重复了几次。因为丽萨觉得很有趣，从这一刻开始她把这个游戏叫作'火戏'。"从此以后，丽萨不会在没人的情况下碰火了，取而代之的是"火戏"。多亏妈妈的想象力，丽萨可以自己去体验火的热度，但是又不会伤到自己。"放手之所以这么难，可能是因为家长怕出了事而自责。"丽萨的妈妈在家长会上总结道。"火戏"却促使她和其他人在类似的情况下找到了解决问题的办法。

重要的是，你要在身边

一岁大的克拉拉刚学会走路，两腿还站不稳，有时像风中的芦苇一样晃来晃去。她走路时两条小腿还有点左右交叉，为了保持平衡，她把手臂当作平衡杆。学会走路之后，她永远得不到满足的好奇心开始觉醒了，家里所有的"新鲜玩意"都对她产生了魔法般的吸引力。尤其是一层通向起居室的楼梯让她很感冒，她跑到第一个台阶，试图爬上去，但是她往上努力了三次也没有成功，每次都滑了下来，但是她依然没有放弃，一点也不气馁，毫不疲惫地反复尝试着，而且一直喜笑颜开。

丹尼尔（一岁的克拉拉的爸爸）："我本来想帮助女儿克拉拉获得成就感。于是在她爬楼梯的时候，我用手小心地扶住她的小屁股，可是她非常生气，挺直了小腰板儿，好像在说：'放开我，我自己能行！'我有点惊讶，就坐回了沙发，用报纸遮住自己的脸。可是克拉拉又大吼了起来，好像她在一试身手的时候特别需要观众的注视。我又把报纸放下，开始端详着她。在无数次尝试之后，她终于成功地坐到了第一级台阶上，笑容灿烂地望着我，像是在说：'快过来抱抱我。'我自然马上奉命行事，而且表扬道：'克拉拉，你太棒了。'她抿嘴笑了，眼里充满了骄傲和满足。"

这个情景清楚地表明，放手不是让孩子孤立无援，更不是让孩子自己去搞定一切，放手的同时还要给予一个支点：尤其对于幼儿来说，如果"安全的港湾"就在身边，他们会更加有胆量去尝试，但是他们不希望一切都由父母代办。大人看着孩子努力尝试，本来可以帮一下，但却不去帮，尽管这一点很难做到，但是如果您能给孩子空间，您的收获会更大。做到这一点很不容易，一旦做到，您也会为自己感到骄傲的。给予孩子足够的空间和时间来进行独立的探索，同时保障他们的平安，是早期儿童教育中最重要的一个原则。

> 孩子和钟表一样，不能总是上弦，必须得让他们自己走一走。

——尚·保罗[①]

在放手和负责之间

只要仔细观察，就能根据孩子的举止表现猜测出他们想要父母怎样放手。生气的孩子们可能产生下列这些想法：

总是只能做爸爸妈妈让做的事情，时间久了太无聊了。爸爸妈妈陪在身边是挺好的，但是也不能总这样啊。他们一直盯着我，对每件事都要说点啥："不可以""放下""太危险"。可是，我还是要继续。抽屉、刀叉、椅子和楼梯太好玩了。

---

① 尚·保罗（Jean Paul，1763—1825），德国作家。

吃一堑，长一智

"小心！""你马上掉下来了！""你不疼吗？"这些话可能会让孩子很烦，很泄气，尤其是父母把孩子从吸引他的物件上抱走的时候，或者把这个物体放到孩子伸手可及的范围之外的时候。一般这个时候，孩子都会大喊大叫，奋力抵抗。有些事情当然会把孩子弄疼，但是从中孩子也能学到东西！俗话说，"吃一堑，长一智"，这也适用于小孩子，是孩子的本能。您能感觉到，在棉花糖里长大的孩子不能积累生活经验，包括疼痛的经验，而且往往无法应对复杂的人生，在日常生活中往往也是弱者。

挫败感属于孩子发育的一部分，父母不能替孩子把这部分过滤掉。当孩子失败、失望、摔倒在地上的时候，他们不需要令人气馁的评论，诸如："我当时就告诉你了！"或者"怎么样，出问题了吧？"孩子需要的是令人振作的安慰，需要的是爸爸妈妈把自己抱在怀里。只有在安全的港湾充电之后，他们才能再次离港驶向新的"彼岸"。恰恰是幼小的儿童最能吃一堑，长一智。也许他们会再次犯错误，但是早晚有一刻他们会吸取教训，学会如何爬上楼梯、如何正确持刀或者知道蜡烛到底有多热。如果我们能在恰当的时刻根据情况对孩子给予表扬或者安慰，孩子就会逐步建立一种自信。孩子需要这种自信来应对人生。

培养自信（包括父母的自信）

如果父母信不过孩子，给孩子泼的冷水多于鼓励，一般来说这和您自身有关：您不太相信自己，所以觉得做父母的要一直待在孩子身边随时待命，而且要打着蓝灯，开着鸣笛。您想给孩子"最好的"，"最好的"对于孩子来说也是最安全的，您因此时刻准备着要去照料孩子。

如果您属于此种比较胆怯的妈妈，喜欢一切尽在掌控之中，那么请您和孩子一同成长。上面介绍的案例展示了您可以放心让孩子做些什么和如何给予他们信心。如果您接纳了我们的建议，您自己也能获得一种安全感。其实，有一些人恰恰是在为人父母之后才成长起来，成为一个善于教育孩子的人。终生学习这种模式适用于所有领域，也包括教育。学海无涯，人们总是在寻找着方法和途径，这虽然有些辛苦，但是令生活充满了活力。

支持孩子——中庸之道

一谈到放手的话题时，我们经常听到忧心忡忡的父母们提出这样的问题："作为妈妈或者爸爸，我的作用是什么呢？父母终归还是有教育的责任呀！"答案非常简单，但是在日常的教育实践中却很难发挥。父母应该为孩子提供支持，保持他们探究事物奥秘的乐趣，而不是对孩子进行把控，不是评论和修正他们的行为，甚至代替他们行事。

请让我独立完成。

——玛利亚·蒙台梭利[1]

---

[1] 玛利亚·蒙台梭利（Maria Montessori，1870—1952），意大利医生、教育家。

在孩子做事的时候，请尽量减少干预，给予他们时间自己去体验。否则，如果孩子意识到爸爸妈妈不信任自己，总是低估自己的能力，孩子会有逆反情绪！

在婴幼儿时期，放手意味着要保持孩子对探索行为的乐趣，保持孩子的好奇心和求知欲，父母要去促进孩子的乐趣和好奇，但是又不能提出过高的要求。而所谓的支持则是中庸之道：如果孩子愿意，大人可以提出建议。孩子可以对大人的建议进行评估，可以接受并实行；孩子也可以对大人的建议进行更改或者完全置之不理。即使这些建议从大人的角度看完全是好意，而且非常有说服力，孩子也有权自己决定让您放手别管。如果孩子拒绝了您的建议，只是对这件事的否定，而不是对亲子关系的否定，请不要太较真。

孩子需要自己的父母

如果孩子能够坚持自己的要求、自己的设想，坚信自己的能力，那么孩子会觉得自己也被所依恋的对象接受了，会觉得自己的独立价值受到了认可，会觉得自己和大人是价值平等的，会认为自己处于一种社会关系中，而且受到了认真对待。这种感觉其实在孩子的人生的早期阶段就开始了。

但是要记住：价值平等不能和级别平等相混淆。父母和孩子不是同级的，父亲和母亲对孩子的健康发展负有责任。教育的责任不能交出去，也不能放弃。即使权重有所不同，但是父母的角色是一辈子都要扮演的。

孩子必须能够信赖父母，否则孩子会觉得自己被丢在一边没人管。父母拥有经验、知识，孩子能够而且愿意在此基础上拓展知识。如果父母的经验和知识被孩子误解为一种自以为是，或者被误解为一切代劳；如果父母的经验和知识剥夺了孩子进行独立体验的机会，即使有时可能是痛苦的体验，一般在这些情况下，父母的经验和知识才会成为问题。应该允许孩子犯错，只有这样孩子才能精明起来。当然，孩子也需要父母的支持与呵护。

以语言划界

小孩子首先是通过运动技能的发展和父母划分界限（参见第27—28页内容）：孩子学习从父母身边离开，用双手到处去摸索。当孩子从三岁开始说"我"的时候，那么孩子开始把自己当作一个人来看待，逐渐形成了对自己的认同。但是，这个"我"也代表着一种以自我为中心的观点。小孩子只能看到自己，只有自己的世界。他们知道如何使用语言对父母施加威力。通过"我想要！""我不要！""我能行！""我不行！"这些短小的句子，使孩子对周围的世界施加影响。同理，"不"这个词也有同样的作用。家长一般会把这个词当作一种挑衅或者反抗来理解。这其实是不对的！通过说"不"，孩子画出了一条主观的分界线，他们要告诉爸爸妈妈："我不再是给点微笑就能满足的婴儿啦，我想参与做决定的过程。"通过下面的案例，可以看出孩子在这个年龄段的状况。

妈妈："保罗，你现在该刷牙了！"

保罗："不。"

妈妈："我说，你马上刷牙！"

保罗："不！"

妈妈（语调尖锐）："你没听懂我说的吗？你马上去刷牙！"

保罗（跺着脚）："不！！"

妈妈："那就别想再吃糖了！"

保罗（跑进自己的房间）："反正我也不喜欢你的糖块了！"

妈妈（思考中）：……

保罗（笑着回来了）："现在刷，是我自己要刷的！"

　　保罗和妈妈走进盥洗室，保罗挤出一点牙膏，递给妈妈，让妈妈给他刷牙。晚上，妈妈回想了白天的情况，一下豁然开朗："我说的'现在，马上'制造了一种权力的斗争，而保罗想一起拿主意！"于是她想到了一个办法。第二天晚上，妈妈问保罗想什么时候去刷牙："是先讲睡前故事，还是先刷牙？"保罗笑着说："讲完故事再刷牙！"

　　权力的斗争、互相的争吵由此逐渐平息下来。保罗还无法估量如果他没有去刷牙妈妈会怎样。但是这个时刻，保罗是能铭记的，因为保罗由此感觉到自己受到了重视。与此相反，毫无意义的权力斗争会把孩子束缚起来，使他们依附于父母，到了最后双方都是失败者，而且孩子会对这种权力斗争奋起抵抗。保罗的妈妈这次放手了，但是没有放弃保持孩子牙齿卫生的责任，她给保罗提供了共同决策的机会，而且这种共同决策是适合保罗的发展阶段和年龄的，并没有超出保罗的接受能力范围。

保罗的妈妈放弃了权力斗争，但是没有放任她的儿子。保罗感觉到了这一点，而且做好了与妈妈合作的准备。父母颟顸地说出"不行！"或者"马上"所造成的双方对峙的情形会令所有的人感到头疼，这时就需要父母和其他看护人从对立的关系中建立一种建设性的合作关系。放手在此意味着找寻对双方都公平的办法。

一个新的时期开始了

当小孩子开始说"我"的时候，父母会和孩子一样感觉很骄傲，因为这个"我"反映了孩子的"个人意识"的产生。同时，由此也要去化解逐渐形成的矛盾和冲突。孩子诞生之初，父母与孩子形成了一种和谐共生的相互关系，这种关系最晚也会在这个时刻结束了。一个新的时期开始了，但是孩子的自信和不自信仍然一如既往地形影相随。在孩子感受到自己的强大和自治的同时，恐惧和对自己能力的怀疑也伴随着孩子。这意味着，放手只是奖牌的一个面，感受到支持则是奖牌的另一个面，尤其在下一个过渡期——幼儿园生活——马上就要开始的时候。

我上幼儿园了

大约从三岁起，孩子开始上幼儿园，他们会明显地变得独立起来。至于孩子是向前迈出一小步，还是原地踏步、停滞不前，一方面和孩子的发展程度相关，另一方面也取决于他们从父母和其他监护人那里获得了多少支持。(参见第44—48页内容) 对于孩子来说，一个充满安全和呵护的成长氛围，以及能让孩子百分百信任的监护人都是非常重要的。

> 如果没有勇气离开旧的海岸线，人类是不会发现新大陆的。
>
> ——安德烈·纪德[1]

孩子只有拥有这样一个"安全的港湾"，他们才能扬帆远航。如果孩子感觉到有人相信他们能够有所作为；如果孩子的勇气得到了鼓舞；如果大人支持孩子感受到自我价值，那么孩子就能放开手脚，愉快地、满怀信心地去征服世界。这样一来，孩子身上就可以展现一种力量，抛弃习以为常的一切，奋力驶向新的海岸。

如何应付在幼儿园和孩子告别时的场面

只有我们给予他们足够的空间去经历、去体验、去尝试和进行多种多样的感知，孩子才能变得独立起来。幼儿园——也叫日托所——为三岁到六岁孩子的成长提供了很好的环境。不过，无论对于孩子还是家长来说，上幼儿园都是一件"伤筋动骨"的事情。爸爸妈妈是把内心的难过掩饰

---

[1] 安德烈·纪德 (André Gide，1869—1951)，法国作家。

起来，还是能够放心地陪伴孩子离家远足，小孩子对这一点往往很敏感。

关键是内心的态度

把孩子送进幼儿园，这不是一个外在的行为。送孩子去幼儿园的路上和告别的时刻更是一种心理重负——至少在刚开始的时候。从下面的案例中，可以看出家长的应对方法千差万别。

霍格尔（三岁的尼乐的父亲）："我们的尼乐能清楚地感觉到，每天早上送她去幼儿园这件事很让妈妈为难。尼乐每天都会耍一通，真正的大吵大闹。她会使尽浑身解数，在还没出发的时候就开始了。我太太要给她穿衣服，她就动来动去、躲躲闪闪，而且凄惨地号叫：'我不想去！幼儿园不好！'我太太伊丽娜感同身受，她看起来就是内心在滴血。我太太心地善良，是一个软心肠的母亲。她总是假装一副勇敢的样子，但是她惨淡的微笑暴露了她真实的内心。在开往幼儿园的车上，尼乐的哭闹还在继续。每天给她系上安全带都属于常规战斗。而高潮部分则在幼儿园里上演，因为恐怖的撒泼行径和破锣嗓门，曾有一段时间尼乐在幼儿园很招人厌恶。后来，幼儿园的阿姨建议由我送尼乐去幼儿园。于是我做了一番调整，怎么说呢，现在好多了。尼乐每天早上穿衣服也不闹了，高高兴兴地去坐车，然后我们在幼儿园举行一个简短的告别仪式，每个环节都很好。我太太现在一方面当然很高兴，但是另一方面她对自己的失败也很伤心，有时甚至很懊恼。"

伊丽娜（三岁的尼乐的母亲）："是的，是这样的，我非常生气。我当然知道我得放手，我也想放手，但是我总是不行。这很令人头疼！放手确实是最难的工作。我经常扪心自问：我是一个可怕的老妈吗？当尼乐突然乖乖地穿上衣服，和我先生一起平静地走出房门，俨然成了一个乖宝宝时，我开始有点受不了，我感觉自己失灵了。我无法接受自己的这种无能，开始生我丈夫的气。我觉得我没有看错，他是在想：'看吧，宝贝，尽管你花费了好大的力气，我做得就是比你好。'直到我的情绪恶化到一定程度。万幸的是，我们虽然一开始都朝着对方吼，我也有点绝望和愤怒，但是我们把话都讲开了，终于认清了我们不是在互相攀比，不是每个人都要把所有的事情做好。一个人可能做这件事做得很好，而另外一个人做其他的事情也不差。那之后，我也放轻松了，平和地面对这种局面。"

我们在放手的时候还以为自己必须做些事情，这确实有点奇怪。

——赫尔佳·沙福灵克[1]

尼乐的母亲难以面对和女儿分别，她接受了这个事实之后，也相应地调整了自己的行为，在先生和孩子出门的时候，还能做点自己的事情。自我认知是放手的第一步。

伊丽娜："之前我从来没想过的事情，现在我可以去做了。我觉得很自豪。父女二人一离开家，我就去健身房了，不再惦念他们父女俩。现在一切都很好，在我去幼儿园接尼乐的时候，她欢快地向我跑过来，一

---

[1] 赫尔佳·沙福灵克（女）（Helga Schäferling，1957— ），德国社会教育学家。

副喜气洋洋的样子。"

伊丽娜实践了一个重要的认知:我不只是妈妈和妻子,我还是我自己,有着自己的需求。当我顺应着自己的需求时,我就为自己找了点事情做;在我为自己考虑时,我可以很好地为尼乐着想,可以留给她一定的独立空间。在给予孩子独立空间这件事情上,布瑞塔走得更远。在家长会上,有人反对她的做法,有人则非常赞赏。

建议

请给自己找点事情做

　　幼儿园的老师们经常能观察到:上班族父母在把孩子交给幼儿园时,虽然告别时场面令人心动,往往还伴随着眼泪,但是这些孩子也会很快地恢复平静,奔着老师去了。很少能看到这些孩子在与家长告别时大哭大闹,因为爸爸或者妈妈得准时去上班,他们没有空闲跟孩子表演"我要走了"这出长段悲剧。

　　>请借鉴一下这种观察,把孩子送到幼儿园之后,给自己安排点事情做。

　　>和在幼儿园一样(参见第 36 页内容),刚去幼儿园时,在与孩子分别时举行一个仪式也很管用,但每次一定都遵循这个仪式才行。

布瑞塔（四岁的马尔特的妈妈）："马尔特精力一直很旺盛，对所有轮子上的东西都感兴趣，尤其喜欢大巴士。他现在已经四岁了，之前我和他说好了，从他四岁生日那天开始他可以一个人坐车去幼儿园。从我家到幼儿园只有两站地，而且大巴直接停在幼儿园门口。我们先一起试着坐了一次大巴，马尔特一开始还不敢想象独自一个人去坐车。那个了不得的一天终于到来了。马尔特回来时，像奥斯卡一样自豪。从此，他早上起床更积极了，因为他很高兴又能够坐大巴了。今天他兴高采烈地回到家跟我说：'妈妈，你知道吗？等我长大了，我要当大巴车司机！'呵呵，马尔特一个人能行，我当然为他感到骄傲了。"

汉瑞特（四岁雅的思的妈妈）："我可能会非常担心。当然，我也认为让女儿独立一点很重要，也许我应该更大胆一点。但是说实话，我可能会提心吊胆，因为幼儿园经常告诫家长，如果我们给孩子一些行动自由，做家长的要自己承担责任。于是我就开始罗列会发生哪些风险，我感觉就像都会发生一样，我宁可小心谨慎点。也许这是因为我自己当孩子的时候，被拴在父母身边。比如，我的朋友在外面骑自行车的时间就比我的时间长，我妈妈每天送我上学，因为她担心我会被撞到。我的婆婆就完全不一样。她一个人把我先生带大，是个非常独立的女人，她现在还是这样。她觉得，其实不像大家通常看待的那样，孩子都是幼稚、单纯的。孩子们其实能看清楚很多事情，远远多于大人所能想象得到的。与其为他们代劳一切，不如帮他们为人生多做准备，因为如果家长代劳过多，对孩子来说也毫无益处。婆婆说的有一定道理，但是万一出了事，怎么办呢？"

建议

想想自己的成长经历

克服担心的能力因人而异。适合甲的办法，对乙来说可能无法理解，这其实和每个人童年所受教育有关，和自己父母的做法有关，而父母往往又受他们自己的成长经历的影响，这是一种链式反应。认识到这一点，就迈出了改变的第一步。意识到并认清了家教的模式后，我们才能打破这种模式。此外，如果希望更好地去放手，那么首先要学会不要再臆想孩子在幼儿园里有多伤心和孤单，而是多想想孩子在幼儿园里能够学习到和获得的积极的、正面的事情。

毛绒玩具和其他办法

正如上面的例子所展现的，与其一直提心吊胆，既然管得太多而令孩子没有安全感，不如自己找点事情做。家长也要相信孩子会找到自己的办法应对全新的情况，应对不习惯的情形。比如四岁的蒂姆就找到了一个特殊的办法克服自己的不安和恐惧。

蒂姆（四岁，他的玩具泰迪熊名叫奥斯卡）："奥斯卡，你知道吗，我们俩可以搞定的。现在你不要太悲伤了，爸爸曾经跟我说过'不要这个样子'，而且我根本就不想这个样子，我现在非常喜欢去幼儿园了，因为我已经长大了，幼儿园也很不错。当然，有时我还是觉得要是能和妈妈在一起该多好。这样我就可以安慰她了，因为她比我还要伤心。所以她今天又偷偷地溜走了。她以为，我不会觉察到她，其实我知道她溜走了。我想，她每次都会溜走，否则她会哭的。也许她现在在家里哭呢。可怜的妈妈，她是因为我才哭的啊！因为我是她的一切的一切，这实在是太重要了。我不在的时候，她会思念一切啊。这简直太愚蠢了。本来我不应该离开她的，但是我也喜欢去幼儿园。可是我也爱妈妈，我不想让她伤心。奥斯卡，你看我现在也哭泣了（蒂姆大声啜泣着）。奥斯卡，你也可以一起哭啊，这没什么，这是'喜极而泣'（几分钟后，蒂姆满脸笑容）。奥斯卡，你看，我说的是有道理的，你知道为什么吗？也许下次妈妈有兴趣和我一起哭。我会告诉她'喜极而泣'，然后我们仨一起哭，之后我们就高兴了。这样她就高高兴兴地走，又高高兴兴地来了。你觉得怎样？奥斯卡！你喜欢这样，对吧？那么妈妈也会喜欢这样。哦，奥斯卡（这时蒂姆用力地握着他的泰迪熊），我一定不会把你送给别人的，也许会最多短时间地出借一次。借给西娜，在她需要安慰的时候。"

西娜是蒂姆的好朋友，和蒂姆一起上幼儿园。蒂姆有点喜欢上了西娜，他私下里非常欣赏西娜，因为西娜是个乐天派。西娜虽然一切都要说了算，但是这对蒂姆来说无所谓，因为西娜总是有些好主意。西娜非常喜欢幼儿园，因为她在这里找到了很多好朋友。凡是她认为很棒的东西，她都想要告诉奶奶，所以她讲给妈妈，让妈妈给奶奶写了一封信。

亲爱的奶奶：

　　您下次来的时候，我要给您看一下我的幼儿园，因为幼儿园太棒了。

在幼儿园里，我甚至可以用真正的小刀切苹果，我也可以自己往杯子里倒可可。有一次我还弄洒了，但不是很严重，我自己马上就把洒的东西擦干净了。在幼儿园，我们还做了很多手工——用栗子和牙签做的刺猬，用卫生纸筒做的小狗和一个魔鬼，但是我们不用怕这个魔鬼，因为这是一个可爱的魔鬼。可以去幼儿园我非常高兴。但是有的小孩会在幼儿园里哭闹。我的好朋友蒂姆有时候就会哭，但是也不是很严重，因为蒂姆有个奥斯卡，就是他的玩具泰迪熊。奥斯卡很理解蒂姆，我也很理解蒂姆为什么哭。有时人就得哭一下，然后就又高兴起来了。我们在唱歌的时候，都很高兴。我学会好多的歌儿，以后我会给您唱的。除了唱歌，我们还会蹦蹦跳跳和跳舞。蒂姆能跳很高，比我跳得高好多，但是我能大声地唱歌。蒂姆算术比我好，我跟他学会了一千加一千是两千，不知道这算得对不对，晚上我问问爸爸。爸爸也盼着您很快能再来我们家，妈妈和我也盼着呢，我们会一起烤个蛋糕。

你的西娜

西娜还在信里画了一张画，上面有西娜、蒂姆、奥斯卡——那只泰迪熊。

知识

儿童如何面对伴随着恐惧的好奇心？

儿童对新生事物的兴趣往往也伴随着恐惧感，所以他们需要可以依恋的人作为"安全的港湾"。而且孩子也会找到自己的办法，来面对伴随着恐惧的好奇心，比如吮吸大拇指或者抱一条毯子。有的人可能知道系列漫画"花生"里的利奴斯就有这么一条毯子。孩子的头脑中一旦产生了要自由一下的想法以及要探知一个究竟的冲动时，生活中的一个大毛绒玩具往往能够给予孩子支持和动力。类似这种守护者对于一个成长中的孩子来说极其重要。

在保持距离和信任之间

孩子在面对陌生的情况时会有不同的反应。不仅如此，在和陌生人打交道时也会表现出个性化的行为方式。小孩以及上幼儿园的孩子，如果有陌生人靠得太近时，首先或多或少都会有认生的表现。

知识

孩子不都是一样的

从马尔特、蒂姆和西娜的案例中可以看出，同一个年龄段的孩子完全可以非常的不同。有的可能比较大胆，有的比较小心和拘谨。在这两极之间还存在着很多独特的类型。对于父母、亲人、老师和所有成人来说，这意味着要接受每个孩子的个性。

认生——一种重要的能力

孩子需要时间，需要热身期才能信赖一个陌生的人。热身期要多久、如何热身，不是由家长或者老师来决定，而是由孩子来决定。

有的早一点，有的晚一点，孩子会逐渐地主动接近陌生的人。每个人的方式、方法都不相同：有的孩子小心翼翼，有的孩子勇敢大方。通过这种逐步地靠近，陌生人才能转变成孩子的熟人。

所有在这个阶段陪护孩子的成人都要接受孩子认生的过程。孩子不是面对每个人都很友好亲切，或者说面对生人总有点疑神疑鬼，这种反应都很正常，而且是正确的。因为认生也是一种自我保护，暗示要和陌生人保持距离，直到证明陌生人不是伪装的巫师为止——就是那种把小孩骗到姜饼屋和关进猪圈的那种巫师。

因此，在孩子的这个发展阶段，强化孩子按照自己的感觉走是非常重要的。当孩子的身体释放信号：保持距离，这个信号应该得到重视。如果过度注重人际间的规则，那就会给孩子造成一种行为上的不安全感，孩子在其他情形下已经验证为有效的保护性策略也会受到破坏。如果成人不认真对待孩子说的"不"，以及对自己说的"是"，那么就会让这个阶段的孩子手足无措。孩子需要一种感觉，即使他们自己表现得不得体，也希望被所依恋的大人无条件地接受。孩子们不希望和其他孩子进行比较：有的孩子非常认生，有的一点也不认生。

> 每个人都给世界带来一些新的东西，一些从来没存在过的东西、头一次出现的东西、独一无二的东西。
>
> ——马丁·布伯[1]

各种依恋模式

幼儿园时期的孩子在遇到陌生人时，认生的程度以及和陌生人变得热络起来的速度因人而异。同理，在和家长告别这件事上，每个孩子的表现也是大相径庭。

碧特里丝，四岁。每次妈妈或者爸爸把她送到幼儿园的时候，反应都非常强烈，哭得一把鼻涕，一把泪的，但是分开之后她很快就能融入幼儿园的日常活动中。碧特里丝有好多好朋友，玩得也特别忘我，在幼儿园里感觉好极了。下午，妈妈来接碧特里丝的时候，她高兴极了，跑着奔向妈妈，拥抱妈妈，牵着妈妈的手走到摆放玩具娃娃的角落，给妈妈看她都做了哪些手工。有时她还带着妈妈到室外，跑上秋千，还要再荡上几圈。当妈妈说"我想走了"的时候，碧特里丝就停下来，跟幼儿园的阿姨道别后，和妈妈离开。

---

① 马丁·布伯（Martin Buber，1878—1965），奥地利—以色列宗教哲学家。

知识

行为规范有可能产生负面的影响

在孩子要与陌生人保持距离时，我们要给予孩子支持，这一点非常重要，尽管孩子的这种举止可能会让人觉得很尴尬。因为孩子划定的界限更为重要，如果孩子获得了家长的支持，那么他们就会感觉到：虽然外界期待着我能表现一种合适的行为举止，然而对于每个我信赖的人来说，与这些行为举止相比，我的个性其实更重要。在这个过程中，孩子习得了一种交往模式，这个模式能够保障孩子在人生当中度过一些物理上和生理上的挑战：这个世界上会有人尊重我的个性。同时，孩子们也要学会不要轻易相信陌生人。诸如要说"谢谢"，说"你好"，"把手伸过去"或者"亲姨妈一口"这些句式将来就不要在日常教育中出现了。

而和碧特里丝同龄的约纳斯的反应却截然不同。约纳斯在被送到幼儿园时，情绪上没有什么太大的波动。他在父母面前表现得很"酷"，好像即使道别的时候没有什么仪式，对他来说也无所谓。在和爸爸妈妈别过之后，他也不让别人靠近他，完全把自己封闭起来。当然，约纳斯也希望和人亲近，一旦他找到了可以依恋的人——卡迪阿姨和马丽娜阿姨，他就完全不放手了，生怕又失去她们。可是呢，约纳斯在两位阿姨面前也没有表露任何情感，而且他的注意力也不太集中。卡迪和马丽娜感觉到了约纳斯的不安全感，但是找不到办法和他进行交流，约纳斯总是油盐不进。有些时候，两位阿姨找到了和约纳斯沟通的频道，可是一转身，这个频道的信号又消失了。

五岁的帕特里克也一直试图黏着幼儿园阿姨，他哭哭啼啼，瞪着悲伤的大眼睛，逼着阿姨来呵护他。帕特里克想出很多挑衅性的办法来把阿姨留在身边，这方面他很有创意。一旦阿姨和他保持界限，帕特里克马上就觉得受到了不公平的对待，马上抛出诸如："你反正也不喜欢我！"或者"明天我不再来了！"这样的话，然后退缩起来。尤其明显的是，帕特里克一刻也不能等，阿姨得马上满足他黏人的需求，他每分钟都要阿姨在身边呵护着他。前文中提到的发展心理学家玛丽·艾斯沃斯把依恋（参见第 26 页内容）定义为一种将一个人和另一个人联系起来的情感纽带。根据她的研究，存在着两种孩子，一种是形成可靠的依恋的孩子，另一种是形成不可靠依恋的孩子。而在后者中，可以发现两种行为方式：一种行为方式试图避免不可靠的依恋关系，另一种行为方式对不可靠的关系持自相矛盾的态度。在碧特里丝、约纳斯和帕特里克这三个孩子身上，可以看到这三种不同的依恋模式：

第一种模式：可靠的依恋。

碧特里丝是一个具有可靠的依恋模式的孩子，虽然她在和父母分手时痛哭流涕，好像怎么也哄不好，一副绝望的样子，可是，当一个值得信赖的人，比如阿姨出现在她眼前时，她很快就恢复了平静。一个拥有可靠依恋关系的孩子心里清楚，一旦自己的负担太重时，可以无条件地依靠那个可以信赖的人。这样的孩子基于这种"依恋关系的确定性"往往比较自信且心态平衡，对于周边世界充满好奇和兴趣，还具备探索的动力。自己的感情——无论是不安和恐惧，还是欢乐，他们都乐于表达。

第二种模式：不确定的、回避式的依恋。

与此相反，约纳斯对不可靠的依恋关系采取回避的态度：在监护人面前，他表现得自相矛盾。这种孩子一方面极力避免和大人的亲密接触，另一方面，他们也需要和别人建立关系。当然，这需要时间。而且一旦关系建立，他们的反应却是独占。建立了可靠关系的孩子能够在亲近和距离之间建立一种平衡，而对不可靠的关系采取回避态度的孩子，比如约纳斯，却做不到这一点。在幼儿园和父母告别的时候，他们不会表现出明显的情绪波动。这种孩子看起来游移不定，出于对拒绝和失望的惧怕，他们非常的内向，在一个可以信赖的人出现时，他们还是一样的封闭。对于大人来说——无论是在家里还是在幼儿园，这种孩子确实是一个巨大的挑战：大人和孩子一样，左右为难，找不到亲近和距离的平衡，不知道如何与孩子相处。

第三种模式：不确定、自相矛盾的依恋关系。

最后还有一种像帕特里克这样的孩子，他们呈现一种不确定、自相矛盾的依恋模式。他们往往极力去吸引可依恋的大人的注意，害怕失去大人，所以一再地跟自己确认大人的存在。如大人离得比较远或者长时间不在身边，这种孩子很快会产生对分离的强烈的恐惧。所以他们的探索行为也相当受限（参见第28—30页内容），他们对周围的环境和人会产生情绪化的问题，难于突破熟悉的环境。这种孩子，当大人回到他们身边的时候，他们一方面会寻求安慰，通过胡闹、矫情或者挑衅性的行为强求大人的呵护，可另一方面，他们面对大人时也会表现出一副不予理睬的样子，对大人一概拒绝，忽略大人接近他们的愿望，把大人搁在一边。

为了让孩子尽可能地感觉到有大人可以依恋，为了让孩子能够建立最初的信任和自我安全感，从一开始孩子就需要可靠的大人给予他们安全感。当一个孩子能依靠一个大人时，当孩子信任大人，同时孩子也感觉到，大人也信任他时，那么这个孩子才敢于走向世界。这个世界首先就是幼儿园。

关键所在——敏感度

前面讲到的几种依恋模式其实经常难以清楚地彼此划分开来。一个孩子和不同的大人之间的依恋关系会呈现不同的特性：一个孩子在父母那里感觉到的是可靠的依恋关系，可是，在幼儿园或者亲戚那里却呈现一种不确定的、回避式的行为方式。此外，依恋模式并不是从出生后就永远固定下来。然而，根据研究，至少有一点是无可争议的：父母的敏感度对于形成可靠的依恋关系是具有决定性的，由此对于孩子的健康发展也是至关重要的。敏感度意味着识别孩子的需求，一方面是对保护和安慰的需求，另一方面是对自由空间和活动空间的需求。而且在识别出来之后父母要做出适当的反应。同样，家庭教育的原理也适用于幼儿园：在这里要建立老师和孩子之间可靠的依恋关系，其基础则是负责看护的老师要一直在场，要有足够的时间照顾每个孩子，也包括她们是否愿意把孩子当作有个性的人来对待。

　　这一点适用一到三岁的孩子以及幼儿园年龄段的孩子，这些孩子需要自己的老师，需要和这些老师之间建立一种稳定的关系。与此相对，这意味着，老师也要通过良好的培训和继续教育，获得胜任这个责任重大的工作的能力。

　　对孩子放手，把孩子送进幼儿园，这让很多家长非常为难。但是，为了发展孩子自信的人格，即使心疼，也不得不让孩子去体验新的环境。有些家长此时还会毫无意义地躲在树丛后面，暗中看护和监察着自己的孩子。其实更重要的是，父母和孩子之间的情感纽带、这种可靠的依恋关系也要得到强化，孩子在这种依恋关系中能学会如何应付与父母分手和道别这件事（参见第 26 页内容），对于父母不在身边这种情况，不仅是能够忍受，还应该是能够享受父母不在身边的时光。这样，孩子们才能够成功地过渡到下一个人生阶段——上小学。

建议

适应环境需要时间

　　请在候选的幼儿园中咨询一下哪家幼儿园会给孩子和家长提供入园过渡期，在这段时间里，您和孩子可以一起尝试新的生活。比较好的幼儿园一般会给新来的小朋友提供适应周期，孩子和家长可以一步一步地适应新的环境，而且孩子还可以逐步建立同负责老师之间的信任关系。

当然，孩子对父母的放手会抗议，会生气或者伤心，会表现出强烈的情绪，这有可能令人头疼。所以，对于家长来说，这意味着每天都是一次新的放手。但是孩子越大，独立性就越强，终于有一天，孩子就要上小学了——幼儿园里的"大孩子"又要变成学校里的"小不点"了。

小学生活就要开始了，
新朋友就要到来啦

关于这个发展阶段，即六岁到十二岁之间，研究文献非常少，相应的教育指南也比幼儿期和学前期或者青春期的少很多。可是这个阶段也有它自己的特点，因为孩子和家长刚刚适应了幼儿园时期的生活节奏，现在双方又要重新调整。此外，在这个时期也会发生很多改变——儿童将发育成为少年了。

现在我长大了

上学第一天是孩子生命中重要的一天，这一天会给孩子带来一种感觉：我长大了。这一生活情形所带来的改变将对几乎方方面面产生影响：每天的生活节奏改变了，学校的架构是全新的，对孩子提出了不同于往常的要求。孩子在学校里还要学会长时间的静坐。这些小学的新生们还必须适应整个社会关系环境的变化：学校的老师和班级与幼儿园阿姨和幼儿园的班级完全不一样。

突然感觉自己被排除在外了

孩子与父母的关系也要重新调整，因为孩子现在拥有了一个全新的、属于自己的生活领域，在这里他要度过很多时间，要积累完全个人化的经验。而很多孩子不一定总会把这些经验告诉父母，因为他们现在发现了同龄的对话伙伴。家长们，尤其是妈妈会感觉到突然被排除在外了。

弗兰西斯卡（七岁的于连的妈妈）："这个样子我确实没有预想到。我和于连一起高高兴兴盼望着上小学，一直跟他说：'你上了学，就长大了。'于连听了我的话，露出了灿烂的笑脸，他非常想要长大。但是现在我终于明白了，这对我来说意味着什么——于连长大了，我却感觉自己老了。原来很多事情于连都跟我商量，现在他和自己的朋友们分享。这种感觉很奇怪，我意识到我的影响力在消失，我经常感觉到自己很多余。因为在我询问于连事情的时候，他通常非常抵触，不愿意配合。有时我们俩还会吵架。他从学校回到家里，我问他学校怎么样，于是就开始吵了。于连或者对我缄默如深，或者溜进自己的房间，留我一个人在起居室无可奈何地生闷气。等晚上我跟我的丈夫安德里亚斯讲起这件事的时候，他觉得，我不应该问太多。好啊！那我怎么才能了解他的情况呢？"

安德里亚斯（于连的父亲）："我能够理解，我太太想要和于连聊一聊。她对于连很关心，想分享那些会对她儿子产生影响的事情，这也是对的。也许她问得不是时候。我自己也有类似的经历。我平时一到家，弗兰西斯卡也马上就问：'亲爱的，今天怎么样？'而我很多时间根本没心思说话，就用'好'或者'还行'应付一下。因为我得先喘口气。于是我经常和于连搞一个晚安仪式——因为工作的原因，我平时也确实没时间——我和于连坐下来的时候，我一开始说话不多，而于连经常主动讲些事情，我不问他，他自己就开始讲。当然，他的朋友对他来说是很重要的，但是对我来说，和他保持关系也是很重要的事情。所以我计划，我们每周六一起骑三个小时的自行车。一开始，我俩并肩骑行，一声不吭，就这样骑了两个小时。后来，于连突然问起点什么事，或者他开始讲述自己的事情。这样，在很短的时间内，我了解到的事情，比我太太一周知道得都多，她对此非常气恼。我觉得，她自己的努力对她构成了障碍。"

正如俗语说得好，同龄人喜欢同龄人。

——柏拉图[1]

于连："我觉得妈妈和爸爸都很好。但是，妈妈话有点多，总想什么都知道。这让我有时有点烦。爸爸的做法却完全不一样，他一句话也不说。但是他当然也想知道我的事，不过他的方法更巧妙。妈妈总给我一种感觉，她像侦探小说里的审讯员一样刨根问底。因为我讲得不多，妈妈马上就担心起来。但是如果我讲得太多了，她就晕了。爸爸就不会这样，我可以跟他讲所有的事情。如果我跟他讲：'不要告诉妈妈'，他也会为我保密。我可以完全信赖爸爸，就像信赖我的朋友一样，我们之间都是守口如瓶，什么都可以聊。妈妈有时感觉自己很没面子，她会说：'我现在看来一点用也没了。'妈妈这是在乱说了。她现在有另外一种重要性。我可以偎在妈妈的怀里，比如下暴雨、打雷或者闪电的时候。我绝对不会跟我的朋友们提起我害怕暴雨，这太不潇洒了。"

---

[1] 柏拉图（Platon，公元前 427—公元前 347），古希腊思想家和哲学家。

建议

游戏和运动的时间

一旦孩子开始上小学,父母们都会倾向于加强对孩子生活的监护——这样做对于孩子的发展与其说是促进不如说是妨碍。孩子最后应该出落成"正确的"这个样子。但是和学龄前一样,在这个年龄段父母也应该尊重孩子的需求:

> 在一年级的时候,尽量不要用太多的时间询问上课和作业的事情。开始上学不等于游戏时间的结束。和提醒孩子写作业、提醒孩子学习相比,更为重要的是,提供一定的空间和时间做游戏给予孩子放学之后的放松。

> 孩子需要运动,因为会运动的孩子也更会学习。请注意检查孩子的日程安排,他们是否有足够的时间进行肢体运动和游戏式的学习。请给孩子创造足够的空间和时间进行身体上的平衡。

> 请回忆一下您当孩子时最喜欢什么。一定是运动,无拘无束的游戏,和同龄人的交流,绝不是被父母一再提醒上学的事情。

扮酷,但也要腻在怀里

尽管有些孩子觉得自己长大了,但是这种感觉所带来的不仅仅是自豪和自我意识。虽然孩子们想走出去，到学校、同龄人和"最好"的朋友所代表的外面世界，但是这个突破在该年龄段不只是一种解放，同时也伴随着不安全感和恐惧。如果孩子在软弱的时候能有一双手伸过来帮忙，如果能够有所依靠，那么孩子还是会很高兴的。虽然一个身材高大的十岁的孩子，一般他会希望能被当大孩子看待，但是他的身体里其实隐藏着一个需要情感投入的小孩儿。尽管一直在说孩子要独立自主，要和父母保持距离，与同龄人相处要重要得多这些话，但是孩子还是需要爸爸、妈妈和成人的世界，因为他们代表着可靠和安全。孩子的这种左右摇摆让很多家长感觉自己的孩子有点莫名其妙。

夏洛蒂(十岁的萨拉的母亲)："我搞不懂我女儿了。萨拉现在十岁了，一直以来她是一个很有自我意识的孩子，超有能量，什么事情她都想试试。有时还和我进行对峙，完全和我保持距离，对我爱答不理的。她经常让我感觉到，她觉得我很傻。但是，一段时间以后，她好像变了，对我绝对的黏糊。本来我早就准备好了放手让她去，可是如果她坚决不愿意，我该怎么办呢？我甚至去趟厕所都不得安宁，过了一会儿她就会在门口走来走去，问我是否还在里面。每次我去参加瑜伽课或者去朋友那里，她都要问清楚，我什么时候回来。她很难做到让我一个人待会儿。每次我看到书上说应该早一点对孩子放手，好是好，可是如果孩子不想，我该怎么办呢？有时我会问自己，这什么时候是个头啊，然后就开始冥思苦想，我是不是做错了什么。我是说，萨拉好像缺少根本的自信，她完全不像我想的那样拥有自我意识。现在萨拉看起来确实和以前不一样了。我经常和我先生探讨萨拉的情况，可是他也跟我一样，无可奈何。"

本特（萨拉的父亲）："是这样的，事情很奇怪。我们的小萨拉确实变化很大，她以前没有像现在这么缠着我们。以前，如果周末可以去爷爷奶奶那里玩，她会很高兴，我们也很高兴，终于可以有点自己的时间了。可是现在我们去哪里，萨拉就要跟着去哪里。这当然很好，但是我们也担心，她慢慢会变成一个揪住人不放的小猴子，那样我们就一点自己的时间都没了。更关键的是，萨拉怎样才能自立起来呢？希望她别变成一个三十岁了还宅在父母家的孩子。并不是说我们就像乌鸦一样狠心，非要把孩子赶走，但是我们确实有点担心哦。"

萨拉："我觉得，爸爸和妈妈确实都非常好！我很爱他们，很高兴拥有他们。不久前，我的一个朋友的爸爸去世了，另外一个朋友的妈妈遇到了车祸。现在他们没有完整的家庭了。我不希望这种事情也发生在我们的身上。我想留住爸爸和妈妈，他们太棒了，有他们在我真的很幸福。当然，有时他们也挺蠢的。比如，当妈妈抱怨我应该把房间收拾干净的时候，或者爸爸因为我学习的事情烦我的时候。可是，每天早上爸爸开车去上班，我总是希望他平平安安地回家。我每天去上学的时候，总是盼着到中午见到妈妈。我有些朋友会冲他们的父母大声嚷嚷，他们的这种态度我有点理解不了。他们有爸爸有妈妈，应该高兴才对。尽管我的爸爸妈妈有时也让我很烦，比如我不能像我的朋友们那样想做什么就做什么，但是我仍然觉得他们很棒。"

朋友圈里发生的事情对萨拉影响很大，她还需要时间消化这些事情。而且，萨拉的父母对她的陪护，给她提供的支持这个事实是可以帮助萨拉有一天摆脱对父母的依恋的。因为萨拉觉得，她拥有世界上最好的父母。其实，即使没有该案例中出现的特殊情况，在七岁到十岁的孩子中，也会大量产生分离的恐惧。当然每个孩子的成长动态是完全不同的，有些孩子浮动得比较温和。同样一个八岁孩子有时表现得像一个很有自我意识的斗鸡，而在另外的场合却是一只小毛毛熊。

不要把一个孩子和另一个孩子比较，要比只能跟孩子自身相比。

——裴斯泰洛齐①

安德里亚（九岁的哈娜的母亲）："我本来有个成熟的女儿，她总想要更多的自由，有时一句也不让别人说，坚持自己的观点，绝对的固执。可是突然有一天女儿变成一只小老鼠，腻在你身上，黏着你不放手，整日哭哭啼啼的，举止像个婴儿一样。"

其实有时我还很小

这个年龄段的孩子会产生和父母疏远的恐惧感，这种恐惧通常伴随着快速生长期的出现，而且会呈现感觉上的倒退，即退回到更早的一个发育阶段。好像孩子要借此提醒父母，不要对我提太高的要求，在对我进行评估时，不要仅仅根据我的体格，而要更多地考虑我的情绪。我们可以把七岁至十岁之间的孩子对父母的依恋和黏缠比作一座加油站：孩子在走向世界的途中，已经做好被放飞的准备。可是为了享受这种自由，

---

① 裴斯泰洛齐（Johann Heinrich Pestalozzi，1746—1827），瑞士教育家。

孩子还需要父母的陪伴和呵护来保护自己。孩子要加满油，勇敢地迎接下一个阶段（参见第85—110页内容）——青春期的挑战。

八岁时的恐惧感

孩子在每个成长阶段都会伴随某种恐惧，有一种恐惧感往往在八岁的时候出现，有些教育家称之为"八岁时的恐惧"。八岁左右的孩子对外界的体验和幼儿园阶段有所不同，他们会察觉到对自己产生威胁的危险，会觉得自己很脆弱。而毛绒玩具（参见第55页内容）现在对孩子已经不起作用了，因为他们已经开始理性地思考。八岁时的恐惧不是说亲子关系有问题，或者说孩子缺少本能的信任，这种现象所表达的更是一种悲伤，将习以为常的人物——父母慢慢地抛在身后的悲伤。换一种说法：正因为孩子拥有信任感，他们才会通过父母的呵护和对父母的依恋来保护自己。而这正是您将来放飞孩子的基本条件，是您的孩子形成独立人格的前提条件。

建议

要重视八岁恐惧感这个现象

一个孩子一向举止怪异，一句话也不让人说，总是跟父母找碴儿，突然有一天，天还没黑，也没到睡觉的时间，这个孩子变得跟幼儿似的，贴在父母的身边，寸步不离。因为他自己不能入睡，所以爸爸妈妈最好不要离开家。这种孩子对于家长来说确实不容易承受。请尽量从容地面对孩子这种摇摆，不要强化这种恐惧。您要相信孩子会度过这个恐惧期，而且要把这种信任展现在孩子面前。

如果孩子黏缠着您，只要您一出门就问"你去哪里"，您应该表现得对这个问题很理解，也可以顺势把孩子独自留在家里。您要告诉孩子什么时候回来，但是一定要守时。父母说话办事可靠，孩子才可以逐步建立自己的安全感，更好地克服和父母疏远的恐惧。

在儿童期和少年期之间

孩子在幼儿园时期表现的征兆，在小学初期也会继续下去：他们开始逐渐减少对父母的依恋。但是，如前文所述，父母作为孩子最主要的依恋对象仍非常重要，继续扮演着孩子成长的"安全港湾"的角色。和前一阶段相同，最关键的还是"支持"和"放手"之间的平衡，只不过这个阶段平衡的质量要上一个新台阶。

青春期前兆

从大约七岁开始，如果孩子对家里惯有的规则和价值观提出疑问的时候，他们会向同龄人看齐，和同龄人比较，会认为同龄人很了不起。

这个时期的孩子往往道德标准极高，有些原教旨主义倾向，比如说不吃肉类，看不惯吸烟、喝酒的父母，但同时他们却给自己留下越界的自由。规则好像就是用来破坏和蔑视的，禁令在这个时期发挥着巨大的魔力，孩子们开始意识到自己拥有的力量，他们想给自己的周边环境烙上自己的印记，开始和父母进行没完没了的讨论，经常刺激父母，给父母出新的难题，有时会令人头痛不已。但是您不要忘记，尽管孩子越来越试图与您划清界限，但是您一直是孩子生活中最重要的支撑。

> 孩子们需要爱——尤其是在他们不可爱的时候。
>
> ——梭罗[1]

与父母和小小孩保持一定距离

这个"过渡时期"里年龄偏大一点的小孩，（参见第68页内容）大约从十岁起就开始慢慢地，但是确定无疑地向青春期过渡了。这个时期的孩子更希望和父母保持距离，越来越觉得父母"让人难堪"。而且他们还会和年纪小一点的孩子划清界限，即那些还在上幼儿园的孩子或者刚刚进入小学的孩子。他们现在终于成为"大人"了，成为"成年人"了，世界现在属于他们了。他们不再愿意和一无所知、什么都看不明白的"小孩子"来往，非常看不起他们。在十岁到十二岁的孩子的眼中，很多人对这个世界毫无概念，在面对这些人时，孩子们都会表现出一副全能的样子。

---

[1] 亨利·戴维·梭罗（Henry David Thoreau，1817—1862），美国作家和哲学家。

体质的改变开始了

孩子的身体开始形成性激素，并开始排放性激素，第一性征和第二性征逐渐显现，这个年纪的女孩子月经开始来潮。由于身体的变化，孩子对自己的认知也是懵懵懂懂的，还在儿童期和少年期之间摇摆。他们感觉到自己要慢慢地离开童年了，但是还不清楚人生旅途的方向和终点，原来习以为常的事物不再有效，而新的东西好像还非常模糊。"我是谁或者我是什么？"这样的问题会伴随未来的几年。

对立就要开始了

在回答身份认同这个问题时，孩子们开始与父母搞起对立。尽管他们还是一再需要父母的支持，但恰恰因此更要与父母保持距离。在家中与父母的摩擦越来越多，这是因为长大的孩子想跟父母争取更多的自由，但是又不愿意承担义务。帮忙做家务、打扫房间、守时准时、互相礼貌相待等，所有这些对于在儿童和少年之间的孩子来说都是令人极度厌烦的事情。也有可能在有些家庭一切都还好。孩子们觉得自己备受约束，被当作小孩子看待，他们想被父母放飞，觉得自己终于快长大了。但是父母这个时候也要注意，不要让孩子突然折翼，因为孩子极力追求的自由，也会带来恐惧。有时孩子会心花怒放，可是突然又变得死气沉沉。九岁到十二岁的孩子有时看起来是如此的成熟，有时情感上又是如此的易受伤害。在与父母保持距离和依恋父母之间，孩子们有点左右为难。为了能够被父母放飞，这个阶段的孩子需要一个可靠的环境，可以给他们提供保障，这样孩子们才能够克服即将面临的成长发育（参见第 87 页内容）中的问题。

建议

在孩子试图与父母划清界限时，父母要适度把控

尽管和父母划清界限是这个时期必然要发生的事情，但是在教育责任上，父母依然是不可或缺的。即使这些处于青春期前期阶段的孩子不喜欢父母的教育，您还是得履行这个责任。但是请不要深陷与孩子的权力争斗中，这种争斗不但很伤神，而且不会得出任何结果，最终也不会产生胜利者，双方都是垂头丧气的战败者。这种争端往往隐藏着很大的风险！比如，如果您的孩子说："我今天没有兴趣收拾餐桌。"那您应该平静地说："那你今天就毫无兴趣地把桌子收拾干净！"不见得每次都要进行有价值的说教和论证，有时候简单明了的方式在教育上会更有效。

尽量避免全知全能的角色

在此阶段，孩子的成长发育问题给家长提出了挑战：作为父亲和母亲，您应该认真对待成长中的孩子，认可他们的能力。虽然孩子们开始质疑他们所依恋的成人，但是如果家长感觉到被冒犯了而对孩子不闻不问，那就大错特错了。恰恰因为孩子处于儿童和少年的过渡阶段，父母更要继续遵循"放手"和"支持"交替的原则。这个阶段的孩子只有理解了由父母主导的陪伴和支持时，才能真正地享受大人给予的自由和空间。父母的建议越具体、越感同身受，父母越少表现得无所不能，那么孩子在适度地衡量之后，接受您的建议的可能性才越大。孩子希望依恋父母的经验知识，但是他们不愿意接受强硬的建议，虽然强硬的态度可能是善意的，不会导致孩子受伤害，但是孩子会觉得自己被人约束、被人监护起来了。

开始建立朋友关系

除了和父母保持距离之外，对于成长中的孩子还有另外一个重要的话题：友谊。和放手，即疏远父母这个话题密切联系在一起的是孩子们对同龄人的亲近。这个阶段，朋友和朋友圈对于孩子和家长都提出了相当大的挑战。

对上帝和世界胡言乱语

亲近同龄人的意义和目的是为了形成一种"我们"的感觉，秘密和隐秘性居于最重要的地位。由此，孩子们聚在一起，在内部团结成一个团体、和外界、和成人的世界划清界限。如熟语所说：我们怎么回事，家长哪里知道。他们一点概念都没有。尤其他们总是什么都知道，总是担心这儿、担心那儿。我跟他们解释的时候，他们都不认真听，就说一切都有办法。

约纳坦（九岁）："但我不想马上就得到一个答案，答案有很多种。所以我宁愿和我的朋友坐在一起，然后我们一起聊上帝和世界。我们想说什么就说什么，而且认真地倾听对方的胡说八道。这些事不能跟父母聊，只能跟你的朋友聊。"在这个阶段，除了父母传授的生活智慧之外，孩子之间的互相学习也开始了。孩子和朋友讨论着生活中的日常事务，在朋友中，孩子感觉到自己会被倾听，在朋友中，可以瞎聊、可以做梦、可以偏离航向驶向遥远的世界、可以思考忌讳的事情，而不会马上就被颟顸地否决掉。

在一个朋友面前，我可以大声地思考。

——爱默生[1]

孩子们可以摆脱理性，给想象力一个空间。这种自由空间对于孩子由儿童发展到少年，最后到成人是非常重要的。但是家长要持续扮演教育的核心人物的角色。孩子在与父母交流时，都期待着父母真诚地、认真地回答那些根本性的问题——尽管孩子和父母的意见不一致，也许根本就不应该一致。父母的教育虽然由此而被弱化，但是并没有从根本上被排斥。

---

[1] 拉尔夫·瓦尔多·爱默生（Ralph Waldo Emerson，1803—1882），美国哲学家。

建议

新的交际圈

"朋友"这个话题在某些家长那里很快就敲响了警钟，这些家长害怕孩子会因此脱离自己的监护，受到他们无法把控的不良影响。孩子自己选出来的朋友，他们的做派一旦影响到自己的家庭日常生活，那么以前立下的规矩就会失效，因为孩子满怀信心找到的朋友，居然和自己的父母很不搭调。这里有两种办法和孩子新结交的朋友进行周旋：

> 如果您认为孩子的朋友是问题小孩，那么就请他到家里做客，或者请他一起去远足。通过近距离观察，您会发现原来您眼中的一个无政府主义者其实是一个说得过去的小孩。

> 如果您的孩子把无法接受的行为方式和说话方式带到了家中，那么您要明确地跟他说："虽然你在朋友之间可以这样，但是家里有家里的规矩！"

在集体当中进行社会性的学习

朋友圈给成长中的孩子提供了集体经验，在孩子成长中扮演着重要的角色。但是，也正因如此，这种朋友圈不见得是幸福与和谐的天堂，在圈子里经常也会发生粗俗和恶劣的事情。人有时得站队，有时得听命于人，人要面对挫折和抵触，要能承受悲伤和失望。在同龄人的圈子里孩子们有意无意地都进行着社会性的学习：每个人都扮演着不同的角色，有时处于下游，有时又占了上风；有时扮演跟随者，有时又成为决策者。正是这种角色的转换使朋友圈变得如此有趣。孩子们学会了尝试不同的角色，有时扮演边缘角色，有时又扮演核心角色，一切都在流动和运动之中。在团体中，孩子知道了忍受挫折、克制需求是多么的重要。同时，也学会了为了达成目的，要与他人进行协作。在团体中不撞南墙不回头的人、以自己的意愿为中心的人，从长远看一定会失败。

朋友是盟友

孩子之间的友谊和亲子之间的疏远是有关系的，尽管也许第一眼看去好像不是这个样子。因为孩子有了朋友之后，脱离父母这件事对他们来说就变得可以承受了。因为朋友，孩子们和父母划分了界限，在朋友中找到了可以依恋的人，一个可以给予支撑的"安全基地"（参见第26页内容）。孩子们联合起来面对成人的世界，由此形成了一个"铁杆兄弟组织"，一个统一的帮派，可以把每个人联合起来，而且制造一种安全感。成人表现得对这种联盟越不能理解，孩子们会越发觉得，和男朋友、女朋友们走在了一条正确的道路上。通常的说法是："你们反正也不懂我们。"这种信息意味着：孩子们根本不想被完全理解，最后，孩子要建立一个大人不得其门而入的对立的世界。

父母的角色不能变

所以，如果父亲或者母亲假装成孩子的哥们儿或者闺密，孩子会觉得父母"太难为情"了，因为家长和孩子不可能平起平坐。家长毕竟年长一些，而年长的人拥有生活经验，尽管孩子们有自己的朋友，但是他们也要借鉴家长的生活经验。恰恰在过渡的时期，孩子需要家长提供的支持和依靠——这一点适用于从幼儿园到小学的过渡，也适用于即将步入青春期的阶段。所以，家长要尽量把孩子的需求和心理状态作为起点来理解他们，在幼儿园的告别、上小学、变成大孩子不仅会带来自豪感，还有可能伴随着悲伤和泪水。孩子突然之间获得的自由，不仅意味着对陌生和不寻常的事物的兴趣，而且常常也伴随着不确定性。这样一来，对可靠的、熟悉的、习惯的事物，也就是对父母的记忆，则会起到很大的帮助作用。尽管孩子经常对家长投去怀疑的目光，尽管他们觉得父母令人难堪、让人拘束，无论孩子怎样和父母划清界限，朋友也不可能代替家长的角色。同理，孩子也需要父母的亲近。当孩子需要这种亲近，而不是父母想亲近孩子的时候，恰当地给予孩子关爱，是父母最高的教育艺术，尤其是在青春期的阶段。

青春期星球的陌生来客

不久前您作为家长还在给您的小宝宝更换尿不湿，突然有一天您感觉到眼前这个小家伙好陌生。他的房间变成了禁地，正常的交流都不行了。无论您说什么，都可能引爆打嘴仗的炸弹。从这种情绪爆发中可以一窥处在青春期的孩子到底发生了什么变化。从孩子内心深处升腾的情绪让你措手不及：对外界和自己的愤怒，使人脱离轨道的热情，想毁灭一切的遐想。这种和自己、和外界的较量类似于善与恶之间的斗争，接近在仰天长啸的幸福感和深度抑郁的轻生念头之间的起起伏伏。

乱糟糟一团

"我为什么活着？""我有什么价值？""我的人生之旅应该往哪里去？"青春期的孩子有意无意地都在不停地思考着诸如此类的问题。孩子身体内部在重新整合，同时，性别特征却在外部露出端倪——不管愿意还是不愿意。有些孩子甚至觉得，阴毛会长到头上，每个人都能看见，都会知道。但是青少年还不知道如何在混乱之中找到一条路整理混沌的情绪。作为父母，当然愿意帮帮他们，提提建议。可是，这个来自另一个星球，一个遥远的"青春期星球"的生物，经常表现得很颟顸和逆反。青春期的孩子面临着寻找自我的发展任务，面临着生长发育成大人的任务，这些任务是这个阶段一切混沌的原因所在。在这段路上，摆脱父母和寻求支持——从父母的角度就是给予支持——这对矛盾升级到一个新的维度。

知识

青春期的生长任务

"生长任务"这个概念源自美国社会学家罗伯特·詹姆斯·哈维格斯（Robert James Havighurst，1900—1991）。根据他的理论，人在一生当中要完成很多任务，这些任务与个人的发展和成熟密切相关。儿童和青少年所面临的任务有别于成人的任务，而这些任务是由内部和外部的各种影响因子决定的，这些因子之间互相也发生作用。

这些影响因子包括：

> 生理性的（生长、衰老）；

> 社会性的（教育、职业）；

> 个人性的（价值、个人理想）。

在我们的文化圈中，大约在十二岁至二十岁之间，儿童和青少年会经历如下发展任务：

> 脱离父母、获得自主性和独立性；

> 找到个人的（性别）认同；

> 建立一套道德和价值的体系；

> 形成一个未来的人生目标，包括职业的选择。

身体和心理上的混乱

这个人生阶段最显著的发育是儿童的身体逐渐因激素的作用而转变为成人的身体。快速生长期和性成熟当然不会和谐地进行，这些变化通常会伴随着不安的心理、健康的紊乱和因此而导致的学习成绩的下降。孩子经过一个长期的过程来告别童年——一切都很熟悉和规矩的童年。此外，还有外貌的变化。青春期的孩子一般长得不太符合古典的或者现代的审美标准，至少在孩子自己的眼里是这样。他们为自己的外貌而纠结，照镜子的频率和躲进房间不见人的频率旗鼓相当。父母最好不要进行愚蠢的品头论足，安慰的话语孩子们同样也听不进去。"让我静静"好像是这个阶段一个重要的信条。但是过了一段时间，孩子对所要求的环境又变得不舒服、难以忍受了，这时小伙子或者小姑娘就从房间里冲出来，带着谴责的口吻质问父母："你们对我不在意啦？"

青春期的孩子是无法被正确对待的，因为他们自己也不知道，在他们过山车一样的情绪中，在他们心灵和情感的起伏中，别人应该怎样和他们相处。由于青春期的孩子行为乖张，家长很快就会感觉到抵触情绪。"他这样待我，我可不是罪有应得。"这种想法会经常出现在家长的头脑中，并导致双方的对抗，而这种反应只会使本来就很困难的相处更加恶化。

青春期的大秘密无法契合我和平的童年里那种被宠爱的幸福。

——赫尔曼·黑塞[①]

---

① 赫尔曼·黑塞（Hermann Hesse，1877—1962），德国作家。

魏瑞娜（女儿玛雅十六岁，儿子尼克拉斯十四岁）："我现在想做什么就可以做什么。我根本没法再和我的两个孩子沟通。说实话，我快疯了。我用温和的语气问了女儿一个问题，然后就被她顶回来了。每次对话都以大吵大嚷结束。玛雅那些劈头盖脸的话我在这儿就不想复述了。我儿子给我展现的完全是另一个极端。他变得寡言少语，像个哑巴一样，把自己关在房间里。我对他也无能为力。我的意思是，我也有自己的情绪，我应该怎么办？我现在一点用也没了吗？

"最近，我在火头上冲着女儿说：'如果你觉得家里不适合你，那你就搬出去！我高兴着呢！'她尖叫着跑开了，留下一个凄惨的身影，然后钻进了她自己的房间，把门一摔。当然这让我马上就后悔死了，于是我想去找她道歉。敲门的时候，我只听到她啜泣着说：'谁呀？'我进了房间，看到她在打包。她一边把东西塞到背包里，一边倔强地说：'那我就去奶奶和爷爷那里，反正你也受不了我了。'最近我也偶然听到了我儿子打电话的片段，他真真切切地正跟一个朋友讲，家里怎样对他都无所谓了，反正他很快就要搬出去了。这可吓了我一跳。这是一方面，但是我突然开始幻想没有孩子的生活会是什么样子，这个我完全想象得出来，而且觉得也不错。这是不是挺可怕的？我确实有点像一个乌鸦妈妈。"

魏瑞娜的先生君特会在这个时候安慰他的太太。因为他每天要去上班，所以他站在远处，可以从一个较远的距离观察家里的事情。

君特（玛雅和尼克拉斯的父亲）："我当然没把事情看得那么严重。我太太虽然也要上班，但是她跟孩子们更亲近，所有的事情都在跟着掺和。于是她就想把所有的事情都做对，就开始伤脑筋。是的，我也在操心，这是正常的。所幸的是，孩子们和我通常还是有共同语言的，这样沟通起来就会很轻松。也许原因在于，我首先会对他们不管不问，但是呢，同时也给他们一个暗示，如果有事情，他们可以来找我。一方面，魏瑞娜在孩子身上太下功夫了，总是时刻准备着给孩子们提出自己的建议，而且愿意和孩子一起刨根问底、讨论个明白。她也了解不少教育理论，努力避免犯错误。可是，往往事与愿违。我自己其实也有同样的问题。这样一来，她和孩子之间就到了这样的地步。另一方面，她如此投入，我也觉得非常了不起。我过去几年好多时候都让她一个人照看孩子。现在我有时也会抓住儿子一起做点事情，两个人单独做点事情。和女儿之间，也是如法炮制。这种做法大家都觉得很好，我太太终于有了点时间留给自己。说实话，我现在管孩子的时间比以前要多一些，以前让我太太一个人都承担了。有时，我也不是很有把握，因为在教育子女这件事情上，我也不是很专业。

"但是现在孩子们大了一点，我就能更好地和他们相处了。如果愿意的话，我再做一些补偿。是的，我很坦白地承认，我肯定算是那种'最后一分钟爸爸'，这我能接受。有时我也在想，孩子们可能很快就不在身边了。有时这一切来得比我们想象的要快很多。那个时候，就剩下我和魏瑞娜两人。看吧，到时会怎样，对我俩来说肯定也意味着巨大的调整。我们现在也经常一起做一些不让孩子参与的事情。孩子们现在也不像以前那样缠着我们，我们已经开始为将来的孤独生活做准备，但好像我们感觉相当好。这一点我也能很坦然地跟孩子们讲。"

诀窍

为将来做铺垫

对于青春期的孩子来说，"剪断脐带"是个大题目。而且，无论对于孩子，还是对于成人来说，放手都是成长发育中的一个任务（参见第 87 页和第 133 页内容）。所以如果做家长的从现在开始思考一下，自己不仅是父亲和母亲，而且还是独立的个体，也是一对夫妻，那就完全对了。所以您要利用孩子独处或者与朋友相聚的这段时间，为自己做点事——夫妻二人一起做些事情，防止将来有一天当孩子搬出去的时候，两人陷入寂寞无聊的深洞之中。

蜕皮

在这个发展阶段，放手对于青少年来说，意味着不再被左右，不再被掌控。他们要摆酷，但是酷只是一层薄薄的、酥脆的冰激凌，下面沸腾的火山却在喷涌。他们也许正沉湎于对无所不能的幻想中，可是在下一刻却被自我怀疑和哭哭啼啼所动摇；他们毫无节制地挑衅父母、提出独立的要求，可是在下一刻又开始抱怨父母的陪伴和支持。但是，谁也没法安慰他们，一切又得从头开始。

青春期的孩子从一定意义上来讲是褪掉儿童期的皮囊，钻进成人的皮囊里。而这层实际的皮囊的状态能够提供证据说明孩子所发生的变化。这层皮不干净、肥腻腻、布满青春痘。这层皮还能反映成长中的孩子内部和外部的状态：一张皮，不允许触碰，不允许接近。这张皮预示着隔离和疏远，表达着距离和愿望："让我静静！"

注意！陷阱！

在放手和支持之间找到一条路径，对于父母来说一直是在走平衡木，尤其在青春期的混乱之中更是这样了。而且这条路也确实无法事先筹划，往往试验和错误这两点就是领路人。一条普遍适用的道路根本不存在，因为孩子的类型五花八门。探寻不同的路径，让灵感萌发一定是件扣人心弦而且很有教益的事情。但是，如果您开始去比较、去评判，开始劝自己说，别人的方法一定比我的好，这时红色警报就要亮起来了，这说明您距离落入自我苛责的陷阱已经不远了，自我埋怨的鞭子很快就要抽下来了。"你当初只要！""如果你当初是！""你为什么没有！"没有人会一直正确，错误是人生中必然发生的事情，是积累经验的基石。无论对于家长，还是对于孩子来说这一点都是适用的。

"我本来是好意的！"

什么事情都要做对，必然导致龃龉和冲突，尤其父母很多时候也期待着别人按照他们的标准做对事情。关于这一点，魏瑞娜的女儿玛雅可以讲一堆故事。

玛雅（魏瑞娜和君特的女儿）："我和妈妈之间总是有问题，她快让我烦死了，她总是对的。有些时候，她会把自以为是用和气的表述包装一下，诸如'你不喜欢……吗？'或者'你不觉得这样更好？'或者其实最霸道的莫过于她说'如果你能……爸爸一定会很高兴'。哎，你想想，我真不明白吗？她应该让我安静安静。但是她做不到，经常因为一些小事情制造麻烦。好在之后我们又能和平相处了。有时，当我意识到，她给自己施加了多大的压力，这会让我感到很难过。她自己折磨自己，就已经够受的了，她没有必要也来折磨我。有时我确实在想，如果不在家里住可能会更好。就像我的朋友苏菲那样，她因为别的原因，不能和父母相处，去年到寄宿学校去了，现在她和父母之间的关系缓和多了，他们只在周末见面，一切都变得轻松了。我和父母之间也是这样，如果我在假期去爷爷奶奶家待一段时间，我回来的时候很高兴，妈妈也很高兴。当然，几天后又是一切照旧，生活的烦恼卷土重来。各走各的路感觉好像有时更好一点，一直待在一起有时挺烦的。我一个表妹去洛杉矶做工读生去了。我觉得这挺好，这种生活也许对我来说也不错。所以我现在四处打听有哪些机会可以去澳大利亚或者日本做交换生。重要的是，走得远远儿的。到时，我能不能坚持下来，我当然也不知道。只有试一试，才能知道了。"

> 人生最大的错误就是一直害怕犯错误。
>
> ——迪特里希·朋霍费尔[1]

玛雅的弟弟尼克拉斯，虽然只有十四岁，但是也想着离开父母。和姐姐不同，他的梦想是和朋友周游世界。

---

[1] 迪特里希·朋霍费尔（Dietrich Bonhoeffer, 1906—1945），德国神学家。

尼克拉斯（魏瑞娜和君特的儿子）："最近我和哥们儿在聊，如果离开家会如何如何的事情，我们异想天开，实在是太有趣了。我们在谷歌上看了很多绝对遥远的地方，然后就幻想着周游世界，在路上赚去下一站的钱，我觉得这个太令人向往了，也许有一天我就会这么干。我觉得爸爸会理解我的做法的，他现在很懂我。他好像有点良心不安，因为他过去对我们照顾得很少。但是无所谓了。我妈妈话太多，她总是能想起点事情，然后唠唠叨叨讲给你，于是我就躲进自己的房间，关上门，让她自己说去。这段时间，她也明白了，我也要安静安静。我和爸爸之间就不一样，我们一起骑自行车的时候，不需要讲话，但是我们彼此都很理解。爸爸讲起以前的事情，我觉得挺有意思。从某段时间开始，他和他的父母也不能相处了，这个我根本想象不出来，我觉得爷爷奶奶太好了。但是我爸爸当时想尽快地离开家，然后他读完中学就搬到了另外一座城市，自己赚钱上大学去了。我觉得太棒了！我将来也要这样。但是，上完中学后，我的哥们儿和我想先周游世界，这个我当然还没跟妈妈讲，如果讲给她，她肯定现在就开始担心了。我敢打赌，她会试图说服我不要去做这件事。"

请保持一定的距离

魏瑞娜总想给孩子"最好的"，这样一来，不但孩子们很难受，她自己也很累，结果却是南辕北辙。儿童发展需要的是：在孩子需要的时候，给予支持，同时又要注意放手。而魏瑞娜却与此相反，总是试图管住孩子，为了保证不出事，为了一切运行正常。如果父母觉得自己做什么都是好意，那怎么可能做到让孩子自由发展？对于家长来说，除了对孩子进行照看之外，让孩子自由发展也是一个重要任务。家长总是相信自己知道什么是对孩子最好的，所以他们会迫不及待地进行干预，保护孩子免受恶劣环境的影响。但是，这样做，家长就会失去观察和认识的机会，了解到底什么才是对自己的孩子好，什么最适合自己的孩子，由此也失去了支持孩子探索自己的成长之路的机会。孩子的路肯定将与父母走过的路，或者父母期待孩子走的路迥然不同，但正因为这样，所以孩子的路也是一条不错的路。

我担心，我们过于精细的教育会培养出侏儒水果。

——格奥尔格·克里斯托夫·利希滕贝格①

担心过度有时会带来莫须有的问题。请相信您的儿子或者女儿能找到自己的路，请不要扔出太多"我是出于好意"这样的石头。做到这一点不容易，但是请尝试做出让步，这样可以给自己，也给孩子留出一点自由空间。玛雅和尼克拉斯两个人讲述的内容说明了这一点：保持一定的距离对他们有好处，对妈妈也有好处。因为保持距离会减小妈妈的压力，会让妈妈更轻松。与孩子保持更多一点的距离，对孩子抱有一定的信任，这不会给您带来缺少善意的风险，也不会破坏孩子对您的信任。

① 格奥尔格·克里斯托夫·利希滕贝格（Georg Christoph Lichtenberg，1742—1799），德国数学家和警言家。

避免越界

　　葛鑫娜在为儿女操心的时候,双方的信任出现了裂痕。一段时间以来,葛鑫娜意识到十五岁的女儿卡洛琳发生了一些变化,她突然变得比平时安静,神情恍惚,给人的感觉好像有什么东西让她很压抑。当葛鑫娜询问她是不是有什么不对劲时,卡洛琳的回答总是很抵触:"让我安静点吧。"一天葛鑫娜在整理女儿的房间时,发现了卡洛琳写的两首诗。写诗的纸夹在卡洛琳的日记本里,葛鑫娜没能忍住,把纸抽了出来,看了女儿写的诗。第一首:

　　　　我害怕,但是不知道怕什么。

　　　　我愤怒,但是不知道因为谁。

　　　　我寻找我自己,但是不知道我在哪里。

　　第二首:

　　　　我睁开双眼,不知道
　　　　睡了多久。
　　　　上帝创造世界?我问
　　　　然后又打碎了木十字架,
　　　　挂在我的腰带上。

96

葛鑫娜吓了一跳，难道作为妈妈的她没尽到责任？她的女儿怎么会有这么负面的想法？难道和毒品有关？卡洛琳放学后，葛鑫娜问起了那些诗。

　　妈妈："卡洛琳，你最近是不是看什么事情都很消极啊？有什么事情发生吗？"

　　卡洛琳："不可能每个人都像那样乐观。"

　　妈妈："但是可以多看看这个世界上美好的事物，不一定把什么都看得一团漆黑。你微笑着看世界，世界也会微笑着对你。"

　　卡洛琳："妈妈，你好烦。"

　　妈妈："你写的诗那么消极，让我很担心。"

　　卡洛琳："什么？你怎么知道？"

　　妈妈："那个，给你打扫房间的时候，我发现了两首诗。你不打扫房间，总要有人打扫的。"

　　卡洛琳："我不信！你肯定是翻我的东西了！以后再也不许你翻了，我讨厌你！"

　　妈妈："这就是你对我辛苦操劳的报答吗？"

　　卡洛琳："谁强迫你做这些事情了？"

　　妈妈："不许再放肆了！"

　　卡洛琳（跑进自己房间，把门一摔）："你能把我怎么样？"

　　妈妈："将来如果你没养出像你这样的女儿，你会很高兴的。"

在这番大吵之后，葛鑫娜怅然若失地站在门厅里，目光落到了日历上，上面的今日箴言是："只有平静的池面才能反射出星星的光。"在我们的语境下，可以对这句熟语做出如下阐释：光是纽带，联结家长（池子）和孩子(星星)之间的信任关系。只有在池水平静的时候，才能产生信任的纽带。即平静和从容是信赖得以建立的基础。这句话说起来容易，但是，如果家长不敢给予孩子信任，或者家长一厢情愿地认为孩子的行为要符合自己的期待，那做起来就难了。葛鑫娜把自己对女儿的失望表现得太过火了，以至于完完全全地破坏了女儿对她的信任。她其实试图通过主动攻击来掩饰内心的不安，或者一个真诚的道歉可以平息这件事，或者她当初把女儿的提醒当回事，可能就不会出现这种情况。卡洛琳说得很清楚："让我静静。"想要做到这一点，家长需要对孩子有信心、耐心。

建议

谨慎和尊重

在亲子关系中，放手是一个永恒的话题。对于家长来说，这意味着要放弃教育中的完美主义倾向。成长中的孩子不需要完美的教育者，他们需要有血有肉的、时刻准备着和孩子进行争吵和争辩的爸爸妈妈。当然在冲突当中也需要谨慎和尊重，这意味着要划清界限，比如不要乱进孩子的房间和乱翻日记。如果您操心过度跨过了这条界限，然后在争吵当中伤害了对方，那您就要真诚地道歉。由此您给孩子树立了一个生活样板：您是楷模！

祖父母适合扮演什么角色

父母一般很难保有耐心，因为他们深处其中，直接参与教育的过程。而祖父母则可以举重若轻，孩子待在祖父母身边的时间一般比较短，由此祖父母往往成为宠爱和娇惯孙辈的高手。祖父母能做到接受孙辈的天性，同情他们的感受，让孙辈感觉很惬意，这时祖父母宠爱的效果往往非常好。因为我们每个人其实都希望别人不要改变我们的天性，并接受我们的天性。此种信任对于孩子的成长来说是最好的黏合剂。卢卡斯和爷爷相处得很好，他一想起这段时光，仍然觉得很美好。

卢卡斯（十三岁）："我终于离开家了，他们也终于可以不用管我了，这段时间爸爸妈妈挺高兴，说实话我也很高兴。我有一个妹妹和一个弟弟。我很爱他们，但是他们有时很烦人。可是，总是让年纪大的保持理性，这让我很讨厌。妈妈经常说：'你能理解他们的做法，你是懂事的，对吧？'是，好！直接说就是：'你可以做一下让步。'有时，我真是没兴致和他们在一起。后来，我爷爷问我是否有兴趣和他一起开着房车在路上度假一周，我当然觉得这个想法太棒了，不过我还是小心翼翼地问了一句，谁跟着一起去，是妹妹还是弟弟？都不是，爷爷确确实实指的是我一个人。'我们俩来一次爷们儿之旅。'他是这么说的。而且我可以决定行车路线，我可以全权选择我们的旅行路线。这事太棒了！我都乐傻了，突然没了主意。我们先在一个城市停车补充给养，在那儿我发现了一家特别时尚的连锁商店，我所有的朋友都穿着他们家的衣服，我非常想进去看看。一开始我还不太敢说，因为这可不是什么常规的度假行程，但是爷爷根本没反对，也没说什么'你不是更想做这个或者那个吗？'之类的话，就是远足或者逛博物馆，那些休假的时候常做的事情。他一个字也没提，就说：'好，我们去，你可以决定。'

"然后，他就跟着我进了商店，我把各种衣服都试了个遍。爷爷确实很有耐心，他从没说过'快好了吗？'或者'你还需要多久？'他坐在一个软椅上，当我问他衣服好看吗，他都很认真地回答，而不是简单地说'好'或者'不好'，一次也没有。他确实认真地看了，仔细地打量着我穿的衣服，然后说明哪里他觉得好，为什么，或者哪里觉得不好，他确实懂衣着的品位。后来，他问我是否要买一件，因为我马上要过生日了，他要送我一件。我对这些衣服没有太满意的，我只想看看这些衣服，因为衣服对我来说很重要，如果我穿着舒服，会觉得更自信。

"在我们继续行进的路上，我一直都在看附近哪里还有其他的店，然后我们就根据这个确定'我认为好的'路线。爷爷一直没啥意见，他每次总是认真地看我试穿各式各样的衣服，我问他时，他也总会表达他的看法。最后一天，我起得很早，爷爷还睡着，我骑着车进城了。那里也有那个牌子的店，我是第一个顾客，那种感觉特别好。我一个人试衣服，然后又都放回去了。后来，我带着爷爷又去了一趟，给他看了我试过的衣服。爷爷非要给我买一件衣服，我就选了一条很酷的长裤。这条长裤现在对我来说就是个宝贝，穿着这条裤子我觉得很了不起。因为，我觉得那些天的感觉都在这条裤子里面——爷爷围着我一个人转的感觉，我一个人可以做决定、做决策的感觉。爷爷太了不起了，和他在一起我高兴死了。"

当然，作为父母，您不能简单地仿效祖父祖母，父母这一代的教育任务和上一代是不一样的。即使不考虑这一点，世界上也不会有孩子会接受您扮演"祖父祖母的角色"。卢卡斯讲述的经历也许可以让我们看到青少年的需求：他们希望被认可，希望能在一定程度上——根据年龄的不同——自己做决定，例如，怎样安排一段时间。卢卡斯的例子充分说明，青春期的孩子能够判断自己需要什么，什么能让自己感觉好。如果父母们都觉得自己更知道什么对孩子好，想着代替孩子完成成长的任务，过度谨慎，过度操心，为了孩子气都不喘一口地投入，这样做只会妨碍孩子形成独立自主、对自己负责的人格。

知识

其他成人的角色

如果青春期的孩子要避开父母，他们往往会寻找其他的成人作为沟通的对象，和他们建立一种情感联系，例如和爷爷、奶奶，和教父或者亲近的朋友，和学校的老师、俱乐部的教练、芭蕾舞的老师，等等。这并不意味着成长中的孩子不再信任父母了，而是因为父母作为当事人，看问题时缺少必要的距离。您不要感觉丢了面子，而是应该接受并且支持孩子与其他成人的联系。这对孩子和您来说，都减轻了痛苦。

101

歧路与弯路

与父母之间的争执也必然属于孩子发展个性的途径。即使您能够找到放手和支持的平衡——一般是不可能的——青春期的孩子也会让您失去平衡。因为成长中的孩子需要冲突，需要与父母发生摩擦，有摩擦的地方才有热度，能够感受到热度的地方才能保持关系。对青春期的孩子给予放手的父母，不能对孩子不闻不问。因为矛盾和冲突其实是划清界限的策略，对于成功地"剪断脐带"是非常重要的。

完全不一样

青春期的孩子希望和父母在各个方面都不一样，表达方式、想法和着装都爱走极端，由此可见孩子试图和父母划清界限。在这种情况下，和小学阶段的孩子一样，朋友就变得非常重要。朋友圈对于培养自治的行为方式是一个很有意义的实验场，它构成了一个和家庭环境对立的世界，在这个环境里，孩子可以和父母的规则及价值观唱反调。成长中的孩子说一些令人目瞪口呆的话，这种情况并不少见，他们经常使用极端的表述方式挑战父母的耐心。

重新定位和发现自我

如果一个青春期的孩子生活的家庭比较传统，成员之间像中世纪欧洲的风俗那样彼此礼貌相待，那么喜好粗俗语言的朋友圈可能会令他比较神往，这种孩子很快就会忘记从家中习得的"请"和"谢谢"，取而代之的是"狗屎"。突然有一天，所有的东西都是"狗屎"——"狗屎家长""狗屎学校""狗屎饭""狗屎生活"。通过这种偏执的语言也可以划清界限——把父母气得半死。

如果孩子所在的家庭比较注重健康饮食，那么在朋友群里，汉堡包可能成为一种均衡营养的最高代表，快餐食品（首先是比萨饼）是任何一种营养学上的可靠食物都无法比拟的。划清界限、抛开束缚会在各个层面发生。父母反对得越强烈，青春期的孩子越会以为自己选择的道路是正确的。因为在对自我重新定位之前，孩子们要走一段弯路，在这个人生阶段走一点弯路可以增加对自我的重新定位。自我教育的道路不是笔直的，会遇到死胡同，会走偏路，但早晚会抵达目的地。

智力的挑战

与青春期的孩子进行讨论和沟通常会因为语言和其他方面的矛盾而变得异常困难。除此以外，这个阶段的孩子在认知方面的知识也迅速增长，而且他们会运用这些知识和家长进行讨论。在这件事情上孩子们不讲究"和为贵"，他们喜欢争吵，甚至于无事生非。父母的道理中如果有自相矛盾的地方，会被孩子揭露出来。他们喜欢讨论，针锋相对，在讨论中总是希望占上风，让家长血压升高。如果说孩子小的时候总爱问"为什么"，这对家长来说非常考验耐心，那么青春期的质疑就更有过之而无不及了。如果说小时候要满足孩子的求知欲，那么现在则是对家长能力的考验了。对于作为父亲或者母亲的您来说，要能够顶住这种追问，而不是举白旗投降。因为，尽管孩子一直企图和您划清界限，您觉得很委屈，但是您还担负着教育的责任。您还是那个折射星光的小池塘。(参见第97页内容)对您来说，尽到教育的责任意味着一定的挑战，所以我们给您总结了几点沟通的技巧，以保证您和孩子的关系不会破裂（参见下方"建议"栏）。

建议

父母的沟通策略

与青春期的孩子进行沟通是非常困难的事情，尽管如此，也请尽量不要让您和孩子之间的关系破裂。就此我们提出几条策略，希望能对您略有助益：

>请您多与孩子交谈，力争成为孩子的谈心对象。做到这一点，首先意味着要去倾听，而不是追问。如果您提问过多，想知道的太多，孩子会变得很倔，他就不再跟您讲了，会撤退。

>为了达到这个目的，您可以设置一些便于沟通的环节，比如和孩子约好一起吃午饭，把午饭作为聊天的时间点，或者您和孩子事先约好晚上的一个小时。还有每周安排一些活动项目，对于找到和孩子聊天的机会也是很有帮助的。

>孩子都喜欢被认真对待。所以请您在聊天时专注于孩子的优点和强项，而不是弱点。如果您只跟孩子提学习成绩不好的事，就不要怪孩子忽略您和他约好的时间。

> 青春期的孩子有时像一座火山，有时像一片铺满阳光的平静的高山湖泊。当然父母也是这个样子：有时能搞定孩子，一切都好像很简单；有时自己被惹火了，变得怒不可遏。一旦爆发了冲突，"电闪雷鸣"，这时请您最好暂时离开一下。想在一种不和谐的气氛中解决冲突，只能适得其反。但是，等双方都平静下来，您要和孩子重新坐下来，一起想出一个解决的办法。

"不靠谱"的父母

您肯定已经意识到了，青春期的孩子需要父母的重视，只有父母给予他们足够的自由空间，他们才能找到对自己的认同。父母应该看情况给予孩子支持，此外还要做好孩子的"打磨纸"，制造阻力，这样孩子才能不断地进行尝试。所以青春期的孩子和某些类型的父母相处时会有很多困难，这些父母会形成某种性格，而这种性格让孩子很为难，而且会增加放手的难度。原因不仅在于这段时间比较艰难，父母或许不愿再承担责任，也在于他们的孩子变化如此之大，父母可能会有一种对孩子的教育无能为力的感觉。尤其是做父母的意识到孩子的童年马上就要结束了，自己马上就要变老了，这会强化一定的性格特点和行为方式。我们由此归纳出六种"不靠谱"的父母类型，其典型特征可以视为为人父母的"几条歧途"。

哥们儿型

哥们儿型的爸爸把自己和孩子放在同一条水平线上，把自己也当作孩子。通常这种爸爸装作很热爱运动的样子，试图在孩子青春期的时候补偿一下自己早先错过的东西。这种类型的父亲和青春期的孩子在一起很淘气。因为他们不能给孩子提供人生路径的样板，所以不能成为榜样。这样的父亲不会给孩子提供支持，所以也不能成为孩子可依恋的对象。如果您倾向于这种类型，请您想一想：父母和孩子是不处在同一个级别上的，因为孩子需要在父母人生经验的基础上成长，这些经验是您可以提供给孩子的东西，您应该为此感到骄傲。同时，您也能从孩子身上学到很多：生活的快乐，无往不胜的信念，永不放弃的感觉。

稀里糊涂型

千万不要这样，这种类型的爸爸对孩子并不关心，任孩子自由发展。因此这种类型的父亲普遍地放弃了对子女的教育，这正是此种类型的父亲的致命之处。因为教育和人与人之间的关系密切相关，如果作为父亲不承担教育的责任，那么他随之也就脱离了与子女之间的关系，无法成为子女可以依恋的人。这样一来，青春期里的孩子的反应就会像儿童一样。对于儿童，父母要给予支持和保护，儿童在获得帮助之前一直会哭喊不停。青春期的孩子也许不会痛哭，但是他们会通过挑衅或者装病引起父母的注意，直到父母来陪伴他们。这种稀里糊涂的父亲以为自己是放手让孩子成长，实际上他是把孩子抛在一边不管了，青春期的孩子会觉得自己既没有被当回事，也没有被父亲接纳。

玛蕾娜（十五岁）："一般我去蹦迪的时候，老爸从来不给我规定几点必须回家。可是我宁愿他给我定个时间，宁愿他能直截了当地说：'十点必须回家。'首先，如果他这样做，我就可以和他据理力争，否则他这样太没劲了！其次，我希望我不在家的时候，他能惦记着我，我不希望我对他来说可有可无。"

建议

不要期待太多

　　父母的教育职责并不是在孩子的青春期阶段就完成了。如果您作为父母逃避了教育的责任，那么也脱离了与孩子之间的关系。如果您对孩子不是放飞，而是放任不管，那么孩子就会失去人生的方向。作为父母您也要在孩子的青春期尽到教育的责任，而且恰恰在这个时间段更要尽到教育的责任。当然您不要期待着青春期的孩子高高兴兴地接受您的教育，因为青春期孩子的父母不会受到青春期孩子的喜爱，但是做父母的要在意能否得到孩子的重视和尊重。

将军型

　　将军型和稀里糊涂型正好相反，将军型实践的是一种极端权力导向型的教育风格，误以为自己对于孩子的发展是不可或缺的角色，所以总是把孩子圈在身边，绝不放手。一般来说，这种父亲在孩子小的时候根本不管或者很少管孩子，而是把教育孩子的事情交给妈妈。到了孩子进入青春期的时候，这种父亲开始干涉孩子的教育，但是拿捏不好分寸，完全是按照那句口号行事："各种方法都试验了很久，现在我说了算！"他们的教育行为集中在有限的几个方面：孩子的外表、接触哪些媒介和学习成绩。尤其是最后两点往往一再点燃冲突和恶性的争执。"将军"会检查课后作业，以优秀的课后辅导员的姿态出现。如果孩子学习成绩不好，就要被罚待在家里或者不准玩电脑。家庭生活笼罩在一种阴影下，因为学习成绩这个主要话题会在所有对话中出现。将军型的父亲，其行为方式不但让孩子失去自尊，而且还忽略了妈妈的存在，这种爸爸会公然指责或者暗示孩子学习成绩不好妈妈是有责任的。

也有一些做母亲的行为方式和观念会增大孩子独立的难度，尤其在孩子青春期的时候其效果才会显现。与哥们儿型、稀里糊涂型、将军型的父亲类似，下列这些类型的母亲对于孩子来说"真难为情"。

最好的女朋友

与哥们儿型的爸爸相对应的是这种妈妈，她们把自己当作女儿的女性朋友，她们的信条是"永远年轻"，总是要展示自己的青春活力。这样的妈妈会和孩子谈论所有的话题，也包括一般在伴侣之间才会谈及的话题。这种开放的姿态超越了孩子的接受能力，同时又让孩子过度依恋自己，让孩子陷入了是否要忠实于小伙伴的内心斗争。因为妈妈这个"女朋友"想知道孩子的一切，总是刨根问底，对每件事都发表自己的意见，即便孩子并不想听从她的意见。青春期的孩子不需要朋友般的父母，按照孩子的理解，朋友的年龄应该和自己相仿，而且朋友要自己来挑选。以朋友的姿态出现的父母往往会令孩子怀疑和躲躲闪闪。

红十字会护士型

这种类型的妈妈照管起孩子来事无巨细,把所有的事情都安排得很好,几乎把精力全部奉献给家务、家庭和儿女的教育。她每天送孩子去上学,去锻炼,每天给孩子做饭,全天候地服侍着孩子。"红十字会护士"没有自己的生活,她通过家庭来体现自己的价值,唯一犒劳自己的活动是上瑜伽班,此外就没什么自己的空间和时间了。"我一切都是为了你们",这是她们的信条,虽然没说出来,但都是潜台词。通过这些信息,这种类型的妈妈会给孩子施加压力,经常让孩子感到良心不安,而且总是把孩子圈养在身边。护士型妈妈不会真正地对孩子放手,因为她们的付出不是无条件的,她们期待着孩子将来也能这样照顾她们。这种妈妈的名言是:"我为你们付出了这么多,现在轮到你们了!"

> 孩子们不想在生活的道路上一切都被人准备停当,孩子们想要自己去生活。
>
> ——艾克哈德·冯·布劳恩米尔[1]

"独裁者"

这种类型的妈妈是那种真正的"直升机妈妈"(参见第 5 页内容),和将军型的爸爸类似。"独裁者"要掌控一切,在教育上通常要把爸爸排

---

[1] 艾克哈德·冯·布劳恩米尔(Ekkehard von Braunmühl,1940—),德国儿童法学家。

除在外，一切都要按照她的想法去做。这种妈妈不但在家庭里挥舞着她的权杖，而且在学校里也很投入，喜欢和老师讨论，因为太喜欢讨论，经常让老师有点畏惧。这种妈妈永远都是打鸡血的状态，别人没法和她讲道理。一旦孩子在课堂上出了问题，这个"独裁者"就会马上站出来，找出问题所在。如果芭蕾课不符合她的想象，舞蹈老师马上就能从她这里获知一堂芭蕾课应该怎么上。"独裁者"是一个教育学上的终结者，她们永远把子女当小孩，永远监护着孩子——长期地把孩子死死地拢在身边。

父母也需要时间适应

各种"不靠谱"的父母类型不见得都以这么典型的形态出现，但是也许您通过这种类型化能看出自己的倾向，由此能有所改变。请不要忘记：真正的对孩子完全放手是不存在的，这需要持续的努力，有些时候会成功，有时又失灵了。您在教育上有时会束手无策，对于为人父母的您来说，这是一种很重要的人生经验，我们确实不能做到一切尽在掌握之中（参见第 91 页内容）。有时，我们觉得找到了成功的钥匙，过了一阵儿发现这个办法好像又不成了。很多时候，得过且过的艺术还是很有效的。重要的是，您每次都能找到一种大家都能接受的应对之策，这样一来就比较容易在放手和支持之间找到平衡。做到这一点对父母的要求极高，往往需要全身心地投入。对您的孩子，也包括对您自己，一定要保持耐心，因为不只是孩子，您也需要时间，不断重新调整方向，为人生的下一个阶段备战。

年轻人离开自己的家

青春期并不是在某一天突然结束，作为父母您会感到风浪正在逐渐平息。一般来说，十七岁之后，"心电图"上的曲线将不再那么剧烈和频繁地跌宕起伏。您的儿子或女儿渐渐地找到了自我——您的孩子正在长大，而且即将离开父母的家。

根据孩子个性的不同、学业的选择和职业理想的差异，年轻人或早或晚都会离开家。家庭的居住条件和家庭成员的数量也是影响搬家时间的重要因素。当然，放手和支持这个主题在这里也同样扮演着重要角色。

无限的感伤

当这一天到来的时候，当孩子突然收拾起行囊，将父母独自抛在家中的时候，那些一直只为孩子而活着的父母顿时会陷入一片空虚。对他们来说，自己全部的生活好像也被装在行囊中，一并被拖走了，一时间家中空荡荡的。而对于那些平常就比较善于放手的父母来说，也许这个过程不会有那么困难。但是无论是父母还是孩子，一旦想起共同度过的日日夜夜，都可能引发无限的感伤。

夏洛特（十八岁的伊莎贝尔的母亲）："我的先生约赫和我共有三个孩子，其中两个已经离开家了。现在我们的小女儿伊莎贝尔也获得了一个接受培训的机会。遗憾的是，培训地点是在一个离家二百公里的城市。伊莎贝尔在那里要有一个房间。我们帮助她找房子，并且陪她一起去看房子。我们情绪都很好，因为大家都还能够面对这个过程。伊莎贝尔特意把搬家的日子安排在周末，因为我们答应帮她搬家，伊莎贝尔也非常的高兴。凡是她想带走的东西，恰好全部塞到了我们的汽车里。我还为这次旅行准备了食品篮子，但是，好像没人有胃口吃东西，连聊天都断断续续。

分别是人类共同生活的最内在的形式。

——汉斯·库兹斯[1]

"我们到达目的地了。所幸我们有许多事情要做——搭架子，装灯具，挂图片。然后我们都感到了饥饿，旅行时带的口粮现在派上了用场。我们在房间里清理了一个可以坐下来的角落，享用了我准备的菠菜蛋饼，约赫甚至还在篮子里放了一瓶香槟，我们用这瓶香槟酒庆祝了这个重要的时刻。

"现在，分别的时刻终于到来了。我们互相拥抱了几次，一再祝愿伊莎贝尔好运。当我们把车开走时，伊莎贝尔在后面向我们不断地挥手。'怎么样？我们还是把这个场面应付过去啦，其实并没有那么难啊。'约赫在汽车里用坚定的语气说道，我只能'嗯，嗯'地回应，因为我的喉咙已经哽住，根本说不出话来，眼眶也不禁涌出热泪来。当我打开手提包，想要拿出一张纸巾的时候，我发现了一个由碎布片做成的一颗心，在一块最大的布片上写着：'我爱你们！你们的伊莎贝尔。'我把它拿给约赫看，忍不住开始抽噎。'她一个人行的。'约赫安慰我道，'此外，我还给她留下了一把瑞士军刀，这把刀曾经帮我解决过不少问题。''是你父亲的那

---

[1] 汉斯·库兹斯（Hans Kudszus，1901—1977），德国作家。

把军刀？那可是你的宝贝啊！''对我来说，伊莎贝尔也是宝贝。'他回答道。这时，我看到他的眼睛也湿润了。

　　"'我给伊莎贝尔留下了一个带有守护天使的钥匙链。'当约赫开进下一个停车场时，我说道。在那个停车场我们给伊莎贝尔打了一个电话。我把手机调成免提，然后开始拨号码。伊莎贝尔的声音听上去有些沙哑，我们能感觉到她也刚哭过。'我们也刚哭过。'我说。伊莎贝尔抽噎着回答道：'我太爱你们了！''我们也爱你。'我的先生回答道。当我们突然意识到三个人坐在那里一起痛哭时，我们不由自主地笑了起来。之后伊莎贝尔向我们许诺：她三个星期之后会回家来看我们。我们也答应会去火车站接她，还要给她烤最喜欢吃的蛋糕。"

建议

要哭，您就哭个痛快吧！

　　孩子搬走了，父母一般都会恋恋不舍，甚至黯然神伤。如果能因势利导，化解悲伤，则会让这种分离变得轻松一些。这也包括让自己痛痛快快地哭一场，因为眼泪有一种化解和转变的力量，在子女离家之后您需要这种力量。如果您抱怨不该让孩子离家而去，而不去规划和设计崭新的生活远景，那么日子就难过了。

分开需要时间

在孩子搬出父母家这件事情上，不是每家都像伊莎贝尔、约赫和夏洛特这一家处理得这么好。有些孩子也会想方设法让自己和父母避免离别之痛，之所以这样做，可能是因为他们觉察到父亲或母亲，或者父母双方都不能放手，而且他们自己也觉得对不起父母，或者也可能是因为父母还缺少一种生活经验，这种体验马上将教会他们：分开是需要时间的。从家里搬出去容易，但本质上的"剪断脐带"则是一个比较漫长的过程，这个过程没有人能够避免。凯斯汀力图避免陷入这个困境：她趁着父母出去度假，把自己的全部家当都搬出去了。

凯斯汀（二十岁）："我想让我们三个人都轻松一点，我想避免分别时的悲伤。然而，当我父母假期结束回到家时，发现我的房间已经清空了，他们大吃一惊。而且我第一次回家看望他们的时候，情形非常尴尬。主要是母亲责怪我怎么可以这样做，而父亲则只是说他本来可以帮助我搬家的，但是现在说这个有点晚了。我本来想得很简单，我的父母也不是护犊情深那种类型的人。他们其实给了我很多自由空间，从家里搬出去也从来不是一个问题。然而，当事到临头的时候，当我告诉他们这个事实的时候，他们却好像无言以对，不知所措了。我感觉他们好像受到了伤害，我当然不想伤害他们。我也总是跟他们说：'我这不是要跟你们作对。'从理性上来说，他们也一定能够理解，孩子必须要走自己的路。但是尽管如此，他们还是会很伤心。不过，家长们还能愿意如此理智地商量这件事情。我自己也感到有些伤心。说实在的，搬出去对我的影响比我想象的大得多。他们两位是我的父母，而你只有在父母的身边才是一个孩子。被人悉心照料是一种很好的感觉，但是，总有一天你也必须独立起来。一切都需要时间。于是我对我的父母说，如果我让他们伤心了，我会感到很难过。这是最后一次让他们伤心了。而且我邀请他们到我的家里一起喝咖啡和吃蛋糕，我还特地为他们烤了一些蛋糕，并且用蜡烛把桌子布置得很有节日气氛。我在盘子里给每个人放了一块用杏仁做成的心形蛋糕，他们被感动得一塌糊涂，我们紧紧地拥抱在一起。我们度过了一个非常美好的家庭团聚的下午。现在，我定期地回家看望他们。最近，我们甚至在我的家里吃了一顿烧烤，尽管我的房子只有一个很小的阳台。这种事只有大家都有兴致才会这么做，而且重要的是，一定要表现出互相喜欢的感觉。当一个人从家里搬出去了，并不意味着这个人就从父母的生活中离开了，仅仅是从他们的房子里搬出去了而已。"

孩子开始了成年人的独立生活，这种分离早在童年时期就已经萌芽，因为父母对孩子的逐步放手自始至终都意味着朝着分离那一天更近了一步。其实，当孩子迈出第一步的时候，离家的念头就已经萌芽了（参见第 24 页内容）。然而，当儿子或女儿产生想要搬出去或者必须搬出去的想法时，父母们才第一次真切地面临这件事。而且，即使孩子们已经搬出去很久了，对孩子放手这件事却还远远没有结束。父母和孩子双方都不可能突然地习惯这一新的生活状况。当家里已经完全变得空荡荡的时候，您时常会觉得黯然神伤。而且您的孩子也会想念您，他们在自己的房间里感到的不仅仅是独立，还经常会有孤单的感觉。但这就是生活的过程，一定要积极地对待，不要以之为痛，而是要积极地去安排。

建议

在孩子搬出去的时候，帮点小忙

>在其他面临"分别"的时候，比如在幼儿园时期，行之有效的办法，同样也适用于孩子离家独立这种情况，即悲伤的情绪需要一种仪式来纾解。您要和孩子一起庆祝搬离父母和搬入自己的新家这件事情，由此您可以有意识地跟原先的亲子关系告别，同时您也进入一个新的生活阶段。

>孩子搬走的时候，您要提供支持。比如，您可以帮助孩子找房子、搬家，当然一定是在孩子希望你们帮助的前提下。在某些情况下，经济上的资助也必不可少，您应该毫无条件地给予支持，但不要想以此获得孩子对您的依恋。

>您和孩子要约好定期联系，比如打个电话。必要时，您也要学会使用 Skype 和 WhatsApp 这样的新技术。当然，写邮件和定期团聚也都是很有帮助的。无论使用哪一种方式，保持联系是重要的，但是一定要以自愿为前提才行得通，而不是期待着孩子跟自己联系，但是又不说出来。

孩子是如何承受搬家这件事情的

有些几乎已经成年的孩子不愿意或者不能承认，从父母的家里搬出去这件事其实是挺难过的。孩子们会隐藏自己的悲伤和孤独感，尤其是在父母面前，他们不愿意表现得像个懦夫。即使您的孩子是个沉默寡言的人，对自己的困难讳莫如深，您也不要简单地认为他很轻松地应付了离家独居这件事。但是，您也不要强迫他诉苦！这里先让我们听一下其他几个做儿子或女儿的讲述自己的感受、疑惑和对家人的思念，据此您也能推想一下自己的孩子是什么情况。

> 痛苦是人类最伟大的老师。心灵在痛苦的情绪之中获得了发展。
>
> ——玛丽·冯·埃布娜－埃申巴赫[1]

塞巴斯蒂安（二十三岁）："当我不久前从家里搬出来的时候，我的小妹妹莱娜住进了我的房间。她觉得能住到我的房间是一件好棒的事情，可我却不这样认为，因为它原本是我的房间。虽然，我已经搬走了，对此我不能说什么。但是，家里突然没有自己的房间了，这是一件很令人懊恼的事情。我也把自己的感受告诉了母亲。然后她很平静地说：'你任何时候回家，全家人都会很高兴。但以后你就是一个客人了，所以你可以在客人的房间里睡觉。''好吧。'我对妈妈说,若无其事地仅仅说了一声'好吧'。但是当我回到自己与别人合租的公寓时，便不禁号啕大哭，我不想在家里当着她们的面痛哭流涕。现在，我经常给母亲打电话。我发现

---

① 玛丽·冯·埃布娜－埃申巴赫（Marie von Ebner-Eschenbach，1830—1916），奥地利女诗人。

自己很喜欢做饭,妈妈也很爱做饭,她饭做得很棒,总是能给我一些建议。跟我同住的那些年轻人,经常被我的厨艺惊到。当我向妈妈讲述这些事情的时候,她也十分开心。如今我给她安装了一个 WhatsApp,并且总是不时地发给她一些照片。她就把这些照片传给周围的人。我现在虽然离开家了,在某种程度上却更加强烈地感觉到她是多么因我而自豪啊!"

建议

请您改变孩子房间的功能

当孩子搬走之后,过了一段保护期(孩子情绪)就可以把孩子的房间变个样。比如您可以把孩子的房间变成客房。"孩子是一个问路的客人",这是一个经常被引用的格言。确实是这样!当孩子再次回到家里,告诉父母自己的经历和喜悦以及所付出的努力时,他们就像一个受欢迎的客人。

您也可以把孩子的房间改造成一个"女人的房间"。当孩子还生活在家里的时候,哪个母亲有自己的房间呢?您可以按照自己的喜好布置房间,可以用这个房间做各种事情、从事各种兴趣活动。您现在终于有闲情逸致了。放手也含有这种空间变换的成分。

萨姆尔(二十六岁):"我感觉实在不好意思,但是我现在坐在自己的公寓里，只能独自流泪。每天早上醒来时的感觉是最糟糕的，家具以及周围的一切都根本不属于我，虽然都是我买回来的。我原来房间里的家具——那个粘着星球大战宣传海报的柜子实在搬不过来，而且我不再是那个年纪了。但是现在周围的家具都是崭新的，让我感觉到好像睡在一个家具店里。而且在这里只是身上盖床被子，当初在家里的时候，总是有人围着我转，有时甚至让人很烦。可我现在才知道，当时那样是多么美好！如今我有一种感觉，一道门在我身后降下来了，我站在这儿，一切都那么陌生。我突然对自己也感到十分陌生。生活中的一切都如此迅速地发生了巨大的改变，这是我此前从来没有过的感受，这让我感到恐惧。当然，我无论如何得坚持住。超人是不会在我身边出现，帮我解决问题的。回到父母身边当然不是个办法，那不就是彻底失败了吗？两周以前，我本来还对搬出来住窃喜了一阵儿，但是最近一周，一切又都变了。"

贝琳达（二十二岁）："三周前我从家里搬了出来，现在我感到自己像小狗一样可怜，只能一个劲儿地流眼泪。最糟糕的是，当初是我自己无论如何都要搬出来的，我的父母本来还想把我圈在家里的，但是我坚决地想要过独立的生活。现在我才意识到，我自己根本就独立不了。我好像突然进入一个完全不同的世界，然后就一直想家，想家想得我无心思做其他事了。有时我想是不是可以给自己买点令公寓舒适起来的东西，好好布置一下，让我自己能感觉惬意一点。可是，什么我也没有想出来，人变得特别慵懒，只能一直在那儿发呆。可是这种情况不能这样持续下去！我的内心深处只有悲伤，好像某个人死去了一样。是啊！确实是死去了，那就是我过去的生活。"

格蕾塔（二十四岁）："现在我想通了，这一切都是正常的。当一切从头开始的时候，想家也是正常的。这种情况会持续一段时间，直到在自己新的公寓里感到习惯为止。曾经有段时间，我几乎想要重新回到父母那里。但是之后我想，究竟该做些什么，可以让我在自己的公寓里能够感到舒适一些。于是，我开始装饰自己的公寓，在墙上挂了许多对我很有意义的照片，并且在阳台上摆放了花盆。后来，我第一次邀请了朋友到家里来。这是一次盛大的派对。我们胡闹了一番，杯子碎了我可以一笑了之，因为那是我自己的杯子。我渐渐地感觉到，成为我自己的主人是多么美好！现在，我甚至无法想象重新搬回家里会是什么样子！有了自己的公寓，人们把许多过去的事情都抛到了脑后。对此人们可能感到悲伤，但是这些总是会过去的，之后人们会为自己所搞定的一切感到高兴。"

 信息

重要的装备：拐杖和帽子

在（心理）咨询诊所里，经常听到的情况是，有些孩子觉察到父母的态度："你们不是要把我们老两口孤孤单单地扔在家里吧！"或者："我们为了你们付出了一切，难道这就是你们的感谢方式？"对于这些孩子来说，从家里搬出去就更加困难了。如果孩子体会到，父母的角色扮演得很投入，就像酵母发散在

面团里一样，那么孩子就会产生负罪感："我们可以这样狠心吗？除了我之外，父母身边就没有任何人了！"

但是，有些父母会向孩子暗示，离开父母他们其实无法独立生活，这些孩子在长大成人的过程中问题会很多。这种孩子倾向于怀疑自己，在克服这个人生阶段的成长任务时困难重重。为了应对这一人生阶段的挑战，这种孩子应在社会中寻找并且找到一份工作，比如积极参加一些政治活动；从教育机构毕业；在职场站住脚；找到一个伴侣，建立一个经济上独立的家庭；或者选择另外一种生活方式。

有些孩子和父母之间的关系是稳固的，他们觉得父母了解自己的情况，虽然搬离父母家的时候也会感到伤心，但是这样的孩子会更加自信地走出去，就像小汉斯一样（参见第32—33页内容），他们都充满了自信——心情愉快地离开家，而且具备自我救助、自我保护的能力。汉斯的拐杖和帽子象征着这种能力。当道路崎岖的时候，汉斯可以挂起拐杖；面对烈日、雨雪等不利的外在影响，帽子则派上了用场。

家里变得空荡荡的，作为父母，您因此感到悲伤和痛苦，这时只要您想到孩子在一个全新的环境下也不会过得比您好多少，这样想可能会对您有所帮助。当了解到另一个人很可能过得也不好时，人们会更愿意寻找方法和手段，以便在放手的时候能够彼此给予支持。

小汉斯变成了真正的汉斯

格蕾塔的故事（参见第 121 页内容）说明了，对一个刚成年的孩子来说，时间可以帮助她克服离家的伤痛。为了能够在自己全新的生活中立足，战胜离家的伤痛是一个很重要的挑战。当然这还不是全部的挑战，年轻人在完成成长任务的过程中（参见第 121—122 页内容），还要积累各种各样的经验，不管是正面的，还是负面的，最后才能彻底地变成一个成年人。儿歌中唱道："七年，阴与晴。"直到小汉斯成为真正的汉斯。当然时间也可能更短，而且小汉斯要经历的，小丽思也躲不掉。

在长大成人这件事情上，莫里茨的体验比较特别。他的故事表明了这是一种什么样的经验。他的父亲在他结束了学徒考试之后，便把他送去"流浪"。这意味着，莫里茨必须有三年零一天的时间在外云游，在此期间内莫里茨不可以靠近家乡五十公里以内。

莫里茨（二十一岁）："说实在的，我感到自己根本不可能完成这项任务，但是我不敢告诉父亲真相。我比较胆小，不像他那样是一个善于行动的人。但是从某种程度上来说，我也愿意证明自己是一个'真正的男人'。尽管我认为他的决定是那么的残酷，我还是希望我的母亲能够改变父亲的决定，但是没有机会，所以我感到自己被驱逐了，并且开始思考我的父母是否真的爱我。我感到自己就这样被离弃了，就像一头猪一样痛苦。但是我从没考虑过放弃。我不想作为一个失败者出现在父亲面前。时间久了，一切变得越来越好。我认识了很多有趣的人，也吸取了很多教训。比如，有一天晚上，我在科隆的一个桥下睡在一个乞丐的旁边。他的名字叫尤普。当我早上醒来时，发现他已经消失了。我马上伸手去拿我的钱包，因为我的第一个想法就是：'他偷了我的东西。'但这时，尤普满脸灿烂地走过来，用一袋新鲜的面包跟我打招呼。'昨天在我这儿过得还不错吧，'他冲着我喊，'所以我就去给咱们买了一顿丰富的早餐。'我被深深地感动了，并且觉得十分羞愧。仅仅因为这一次的经历，我现在还希望能够再去游历一次。父亲的计划成功了，现在我和父亲旗鼓相当。我从一个胆小的莫里茨变成了一个真正的男子汉，我对此感到很骄傲。"

> 经验不是一个人所遭遇的事情。经验是一个人从他所遭遇的事情当中学到的东西。
>
> ——阿道司·赫胥黎[1]

无论年轻人现在是要自己单独居住，还是像莫里茨那样在一个极端的条件下与父母分开生活，从家里搬出去之后所获得的经验以及从中得到的教训，促使他们不断成熟，从青少年变为成人。自己做决定，对自己负责任，承担自己行为的后果，我们应该允许孩子经历这样的学习过程，这一原则不但适用于童年，也适用于现在这个人生阶段。

---

[1] 阿道司·赫胥黎（Aldous Husley，1894—1963），英国作家。

在特殊的情况下"剪断脐带"

大家都明白，每个人都会犯错误，不存在完美的教育，但是您不必为此担心（参见第91—92页内容）。因为研究表明，即使那些在困难的环境中——比如贫困或者作为孤儿——长大的孩子们，也能够成长为一个自信的、有责任感的成人。

女斗士

祖父、祖母经常能给出具有说服力的证明。有的父母喜欢假设一些情况以对孩子施加影响："如果你不能在中学毕业之后，马上从家里搬出去的话，那么你现在在家里就别那么多的事。"而这时有些祖父则会证明，哪怕两次留级，人生也照样妥妥的。而祖母则往往能提供活生生的例子，证明一个女人可以有自己的事业，同时也能培养一个优秀的孩子。一个人的能力可是远远超出别人的想象的。

夏洛蒂（七十二岁）："我是九个孩子当中年纪最小的一个，很早我就得帮忙做家务。我也很努力，想把一切都做得特别出色，尽可能多地减轻母亲的负担。但是我做得还不够好，她总是很快就变得不耐烦了，然后说：'这个你不行。'比如有一次我擦地板时用了过多的水，我的妈妈便从我的手中抢走地板刷，并且说：'这个你不会做。'然后就自己继续擦地板。我不仅想削土豆皮，还想跟母亲真正学习做饭。但是这时，她只是说：'这个你不行。'周末时，我必须要把用黄铜制作的门把手擦亮，然

125

后我的母亲会仔细地检查。当她发现了还有一块污点，再次把这个门把手涂上油时，我会感到非常痛苦，因为我必须从头开始。她想借此向我表明：'这个你不会做。'这曾经是我的一个苦楚。

"我十五岁的时候就想从家里搬出去，并且找一份工作。所有人都嘲笑我，而且预言我很快就会悄悄回到家里。但是我在堂姐的一个朋友那里找到了一份照顾小孩儿的工作，她要有第三个孩子了。他们邀请了五十位客人来庆祝孩子的洗礼仪式。我的老板问我是否有信心一个人组织这次庆祝活动，并为这五十位客人做饭。我没有考虑，就接受了这次挑战。在活动结束的时候，所有人都很高兴。在这个晚上我得到了二百九十五马克的小费，在此后的人生当中，我再也没有得到过这么多小费。

"我的母亲总是对我说：'这你不会做。'这句话严重地打击了我。我感觉自己很渺小，很无助。所以我很气愤，我变得越来越倔强，总想向她表明这一点。我想向全世界表明我行的。但是现在我能理解我的母亲，她养育了九个孩子，有点吃不消。"

夏洛蒂在第一个雇主的家里找了一个男人，并且和他生了三个孩子。两个女儿和一个儿子早就离开了父母的家，并且都已经建立了自己的家庭。现在，夏洛蒂也很自豪地成了七个孩子的祖母和外祖母。对夏洛蒂来说，对她的孩子放手是一件很容易的事情，就像她当初还是小姑娘的时候果断地离开父母独立生活一样。夏洛蒂的儿子在读大学期间有几年要去国外学习，她也为自己的儿子感到十分的自豪，并且第一次开始学习怎样使用 Skype。在此之前，夏洛蒂还从未使用过电脑。她的儿子很怀疑妈妈能否搞定这个软件。他说："妈妈，我不知道你行不行，我担心你弄不明白。"对此论断夏洛蒂只有一个答案:"我是能搞定的。"她很果断地说道。这一次她也应当是对的。

牺牲者

孩子离开家的时候,尤其是独生子或年纪最小的一个离家的时候,生活一下子就变得和以前不一样了,一切都需要重新分门别类,而这需要时间,有些人快点,有些人慢点。父母为儿女越操心,这个过程就会越困难,两者之间其实就是一个简单的方程式:多操心——放手时困难多,少操心——放手时困难就少。但是将这个认识付诸实践的时候,理论与实践之间的差别就凸显了。像夏洛蒂和她的孩子那样轻松"剪断脐带"的不多见。一旦孩子们离开家、独立生活时,父母,尤其是母亲,经常把自己看成牺牲者。对父母来说,放手就意味着"被放弃"。认定自己是一个被放弃的角色,这种感觉当然不只是在孩子从家里搬出去的时候才产生的,很多情况下,父母一辈子都处于这种角色当中。

加布芮乐就是一个典型的"被牺牲的羔羊"。她一个人把儿子费恩拉扯大,从自己的"牺牲精神"里不断地汲取力量。因为她很早就学会了凭借自己的牺牲精神获取他人的赞赏。比如,当有人说,她是多么地以优秀的儿子为荣的时候,她却总是哀叹,并且开始罗列她为此做出了多少牺牲,最后再附上一句:"是的,这样付出我当然是心甘情愿的,因为我知道,这是为谁好。"

一点也不奇怪,儿子费恩很想尽快地离开这个牺牲者之家。虽然加布芮乐试图运用她经典的牺牲行为阻止儿子离开家里，但是费恩还是成功地从家里搬了出去。

费恩（十九岁）："当我跟母亲说我想搬出去的时候，对她来说，整个世界都坍塌了。她开始数说我一个人生活为什么不行，为什么永远不行，言语之间充满了指责。她所担忧的事项，应该能够填满柏林市的电话号码本。然而，我总是仅仅回答道：'没事的，我能行的。'我也并不是仅仅这样说，实际上我也确实是能做到的。我想要和妈妈保持点距离，其他所有的一切都会有的，我对此非常坚信。但是，我越保证不在一起我都会很好，母亲的想象就越暗黑。我清楚地感觉到，没有她我也能行，但这对母亲来说是多么难以接受。由于担忧，母亲被巫婆射了一箭（患上了腰痛风湿病）。我明白了，如果我不做点什么事的话，母亲是很愿意生病的。事实上，我也确实将搬家的日期推后一段时间了，但仅仅推迟到母亲又能站起来走路的那一天。我对她说：'妈妈，我下周五要搬走。之后巫婆愿意往你的腰上射箭，那就让她尽情射吧。这次我一定要搬走的。'"费恩也确实这样做了。

加布芮乐现在看到自己作为母亲存在的最大价值——付出最大的牺牲来照顾费恩——完全消失了，如同蜡融化在火热的炉盘上。现在她的世界除了痛苦和不公，就是绝望——儿子对自己付出的牺牲毫无谢意，她自己也沉浸在自己的痛苦和自我同情中。然而，加布芮乐最后也开始放手了。所以说，无论什么时候开始放手都不算晚。

建议

跟人分享痛苦，痛苦就减少了一半

　　显而易见，孩子从家里搬出去，这对亲子双方来说都是很难过的。彼此承认自己很难过，一起哭一场，一起安排离家的过程，有助于抑制难过的心情（参见第 114 页和第 117 页内容）。众所周知，与别人分享痛苦，痛苦就会减少一半。在这种情况下，与其他"难过的伙伴"一起交流，也就是与那些处境相同或者已经摆脱困境的朋友交流，也是很管用的。其他的父母也可以与您分担这份难过，而且大家也能一起想出更多面对今后生活的方法。

　　玛拉（费恩的母亲加布芮乐的朋友）："我可以想象，在费恩搬家的那一天，加布芮乐会变成什么样子。因此，我在几天前就跟她约好了一起去洗桑拿浴。我去接她的时候，事情却远远超出了我最坏的预估。加布芮乐打开门时，头发都已经散乱了，眼睛也哭肿了。我自己的三个孩子也都离开家了，我知道，这并不是一件让人愉快的事情。但是，人必须变得积极一些，做一些正面的、有意义的事情来应对这个处境。我马上开启了一个应急程序。我让她洗个热水澡，然后把她用浴衣和浴巾裹着送到了沙发上，接着给她一个热水瓶和一杯茶。我建议她做一件事情——在我的老大斯文搬走时曾对我有过帮助的一件事情。我当时把所有的旧照片都看了一遍，并且给斯文做了一个相册。这个相册里存有许多照片，这些照片呈现一些令他自己感到自豪的情景。比如，当他开始走路时，当他第一次骑自行车时，当他自己游泳时，诸如此类的事情。而且在每一张照片的下面都写上了几句话，这些话能进一步强化费恩的意识，他是可以为自己骄傲和自豪的。加布芮乐刚开始时还对此感到怀疑，但慢慢地她越来越喜欢这个主意了，于是，我们马上就开始这项工作。"

> 每次生离死别都蕴含精神错乱的种子；人必须呵护自己，
> 要小心翼翼地将这颗种子孵化出来，而且要细心照料。
>
> ——歌德[1]

加布芮乐挑选了一些照片，同时也在思考，为什么她的儿子在一些特殊的情况下能够以他自己为自豪，这些思考也令她的心理发生了一些变化。加布芮乐也突然为她自己感到自豪，为自己能把费恩养育得这么好而自豪，由此也产生了一种对儿子的信任——儿子会做得很好。作为单亲母亲，加布芮乐现在能够更加积极地看待生活，并且慢慢地摆脱了牺牲者的角色。她突然看到了自己的力量和长处。她曾经凭借这些力量和长处把一切都处理得完美。她的小费恩，真正地变成了一个很优秀的小伙子。

在这个基础之上，处于全新生活阶段的母亲和儿子现在能够越来越

---

[1] 歌德（Johann Wolfgang von Goethe，1749—1832），德国诗人。

多地平等相待，如同儿歌中的小汉斯和他的母亲一样。（参见第 32—33 页内容）

分别之痛和突破

孩子长大了，或早或晚都要离开家。无论对于他们自己还是对于父母来说，这都意味着即将开始一个新的人生阶段。

幸运和祝福

在最初的那段时间，父母和孩子之间的接触一般来说还是很频繁的：不管是通过电话，还是回家拜访，孩子仍然和父母保持紧密的联系。他们多少还会跟您讲述自己接受职业培训或者大学学业的情况。或许他们也会征求您的建议，偶尔也会寻求您的安慰，因为年轻人有时也需要支持，并且愿意感受归属感。

然而，您却不能利用这种彼此之间的亲密联系，妄图把即将长大成人的孩子绑在身边。当孩子跟您讲述一些事情的时候，请您不要企图对孩子的事情进行控制和评估。您尽量向孩子表示您希望他们的未来一切顺利，正如那句座右铭一样："祝你在生活道路上永远幸福如意。"（也请参见下页的建议）

一生的变化

正如一个孩子的出生一样，孩子的离开在父母生活中也是一个重大的事件，它伴随着强烈的情感波动和各种各样的挑战。此刻，当孩子已经长大成人了，对父母来说，这正是应该创建自己的生活的时候了。

建议

给予孩子一个支持

正如小汉斯的母亲祝愿小汉斯幸福一样，您也可以在儿女逐渐步入社会的道路上给予他们象征性的支持。与在儿歌中的祝福相比，您的支持可以更具体一点。比如，您可以写几句祝福的话，让孩子带在路上。一件便于带在身边的小东西也能传达父母的祝福，可以是一块石头、一张图片、一个保护神或一尊佛像，或者一件从您自己的父母那里得到的物件。

和其他事情一样，孩子离家这件事对一部分人来说很简单，而对另一部分人来说却很困难，然而我们最后都不能逃避这个成长中的课题。因为，谁要是现在不能放下做母亲或者父亲的角色，那么就会陷入一种状态，这种状态不适合父母们的新角色，哈维格斯(参见第87页内容)称之为"晚期成人"。

现在要做什么

"晚期成人"的这个年龄段，其任务一方面是以自己的生活为中心——即使有些事情不像所期待的那样好，也要建立一种对生活中的一切欣然接受的态度，这也是一种"放手"，并且要学会，不再抱怨被毁掉了的童年或者职业上的失败之类的事情。另一方面，我们不想掩盖这一点，要从内心深处对自己生命的终结做好准备。

然而，这只是其中有些哲学意味的部分，还有一些更加具体的任务：

（1）重新定义"父母身份"，与已经长大成人的孩子之间建立平等的关系。

（2）现在要重新定义"夫妇关系"，因为那个共同的"家庭"结束了，丈夫和妻子之间要重新建立"我们"的感觉，重新把你们当作一对夫妻。

（3）现在这个阶段您也获得一个机会可以去做一些您之前根本没有时间去做的事情。

如果这些重要的任务获得了成功，这也会对孩子产生积极的影响。成长中以及刚刚长大成人的孩子会感受到，他们的父母在走自己的路。这会帮助下一代看到并且实践他们自己的远景，他们也能更加自由地投入到世界中去。

> 只要每个年龄段都过得物有所值，那么我们应该热爱所有的年龄段；但对于每个新的年龄段，我们其实是要让它活起来。
>
> ——台奥多尔·冯塔纳[1]

---

[1] 台奥多尔·冯塔纳（Theodor Fontane，1819—1898），德国作家。

一切都在进行中

在"放手"和"给予支持"之间保持平衡，是教育的主要内容，放手和寻求支持是儿童发展的原则（参见第24—30页内容）。因为在这两极之间的摇摆永远不会停止，我们总是力图在两者之间保持平衡，所以说生活就是永恒的变化——从在子宫里的第一次细胞分裂开始直到人呼出最后一口气。此外，人生还总是伴随着过渡阶段：从一个发展阶段过渡到另一个发展阶段，从一个生活阶段过渡到另一个生活阶段。

这也要求我们总是不断地要跟那些我们已经达到的和熟悉的事物告别。想要紧紧地抓住过去的东西，其实就意味着对抗生活，其实是一种毫无意义的企图，因为我们无法阻止变化的洪流。相反，如果我们接受了事情会不断地变化这一事实，那么我们在某一程度上还能够对事情的发展施加影响，对事物的发展进行规划设计。这意味着，我们也能够随着事情的发展一起成长。

如果你在你的家庭生活多年，仿佛生活在一个深洞或陷阱里，应该记住：能改变的只有你自己。每一个变化开始的第一步，每个人都必须自己做，这适用于所有事情。

为人父母——一生的角色？

在《塔木德》这部重要的犹太经典里写着，父母应该教会孩子游泳。这一点形象地展示了父母对孩子放手是一个逐渐增强的过程：婴儿在水里需要父母扶着，把胳膊和头露出水面，以免小宝宝呛到水；到了幼儿阶段，孩子就可以自己尝试着游泳，但是还要依靠着游泳圈；而上了小学的孩子就要跟着家长或者在游泳班里学习正确的游泳动作和呼吸方法，但是头几个回合孩子还是要游向敞开双臂迎接他们的爸爸或者妈妈；到了少年时期，孩子往返的距离越来越大；最后孩子们长大了，完全摆脱了父母自己游向了泳道，不再需要您的手臂帮忙，于是您就空着手站在那里。从一方面看是这个样子，但是从另一方面看，您也能腾出手来做别的事情。这一章将跟您探讨一下这方面的事情。

空巢

当孩子从家里搬出去的时候，生活会发生巨大的变化。正如生活中的其他所有事情一样，有些人能从容面对这种空巢的情况，有些人应对得就差一些（参见第137—138页内容）。即使是同一个人，也是有时好一些，有时差一些。凡是您感觉到悲伤的时候，您一定要善待自己。"嗨，别这样，难道你还没受够吗？"这种自责只会让日子更难过。一切都有可能，一切都在您的生活轨迹所开辟的道路上。

知识

空巢症状

孩子刚刚搬出家门，开始了独立生活，这个时期被心理学家和社会学家描述为空巢。和多年前形成的三口之家相比，空巢引起的变化也是非常深刻的：当年，从两性的关系转变为家庭的三人关系，现在又从家庭阶段返回到夫妻关系，开始了"后家庭"的时代。

> 父母生第一个孩子的时间有早有晚，孩子上学的时间有长有短，一般空巢期来临的时候，父母的年纪大约在五十岁上下。

> 尤其当家中有几个孩子的情况下，空巢期不会一下子到来，而是逐渐过渡到空巢期。还有如果一个孩子有段时间会在上学的地方和父母家里往返，直到完全空巢，还是有一个过渡期的。

> 今天由于平均寿命越来越长，"后家庭"时期的跨度可能和儿童期、和少年期或者说"积极家长身份期"一样的长，大约是整个生命长度的三分之一。

> "空巢"这个词听起来就很寂寞，缺少温暖，非常的负能量，但是在这个"后家庭"时期您也可以维持一种良好的亲子关系，而且这段时间可以走自己的路，发展个人兴趣，让夫妻二人的生活更丰富、更有活力。

如果在从家庭时期过渡到"后家庭"时期的过程中，出现危机，甚至出现抑郁，则被称之为空巢症状。关于这一点，我们观察到下列现象：

　　＞一般女性比男人更容易患上空巢症，因为妇女往往完全脱离了职业生涯，为家庭、育儿投入得更多。对于这种女性来说，脱离母亲的角色，重新定义自己会更为困难，因为孩子长大的时候，她们感觉自我的价值缩水了，而且很怀疑未来的生活还有什么重新设计的空间。这种症状首先会出现在纯家庭妇女和全职妈妈的身上。

　　＞与此相反，通过重新获得自由空间以及摆脱家庭生活的负担，大多数母亲能平衡"家庭时期"终止的悲伤，能做到这一点的尤其是那些在"积极家长角色时期"仍然上班工作的妈妈。在德国，超过一半的妈妈在工作，其中很多人是全职工作。

　　＞爸爸一般能比较理性地看待孩子搬出家门："生活就是这个样子。"然而，爸爸也会受到空巢状态的影响，只不过这一点在爸爸的身上表现得不一样。出于职业的原因，爸爸一般在家庭时期很少有时间真正地照顾孩子，而孩子离开家的时候，爸爸职场生涯的阶梯之路也到了尽头，工作变得比较平稳，这时爸爸会觉得过去对孩子的关心太少了，错过了孩子成长中的一些东西，会觉得自己作为父亲也许是不合格的。

爸爸妈妈们在空巢期的反应

在面对生活新情况时，家长们的不同反应可以通过下列案例体现。有的人难过的时间长一些，有的人则很快就找到了通往精彩新生活的路径。从下列案例中可以看出男人和女人的区别，其实，不同的妈妈反应也是不一样的。

阿奈特（五十一岁）："孩子不在家，整个房子空荡荡的。一开始我整天开着电视，这样可以让自己感觉没那么孤单。后来，一个朋友给我一个按天在她的店里工作的机会，这样我就又和人打交道了，那之后我就好过一些。但是有的时候，一种忧伤仍会油然而生，总是感觉缺点什么。"

阿奈特的话语中虽然透出了忧伤，但是从中我们也看出了她的应对方法，总会有一天可以开始积极地安排新生活——她给自己找了点事情做。

弗兰克（五十五岁，阿奈特的先生）："我觉得，我太太想得太多了，孩子离开家这是再正常不过的事情了。想当年，我也是想尽快离开父母的家过独立生活，所以我中学毕业之后进行了一次环球旅行，一路上靠打工赚钱。如果我很长时间没和他们联系，我父母当时肯定也会为我担心。但是我觉得孩子学会自力更生是很重要的事情。当然，孩子们陆续地搬出去了，这对我来说也不是那么容易。但是，人生的过程就是这个样子啊。"

能接受人生的既定流程就会使很多事情变得容易起来。与生活的变化进行抗争本来要花费很大的力气，可是，如果我们接受了这种变化，就可以把那些力气用到其他的事情上。与其面对难过的日子怨天尤人，不如让自己鼓起勇气：尽管现在我还看不出新的生活方向，但是最后一定能够找到这个方向。这种充满信心和自信看待生活的方式，越早践行越好。当生活的难题堆积如山的时候，我们就可以依靠这种信念的力量渡过难关。

这样一种自信帮助了米力阿姆。她的三个孩子，里奥尼（十九岁）、毛里茨（二十一岁）和萨拉（二十八岁）都离开了家，米力阿姆坦然面对这个局面，以至于她的一些朋友都觉得有点奇怪，她怎么像没事一样。

没有目标的人被命运所折磨，目标明确的人设计自己的命运。

——马库斯·图留斯·西塞罗[①]

米力阿姆（五十岁）："是，我相信，我的朋友们有时不太理解我的情况：我和孩子们相处得很轻松，他们周末回来了，我很高兴；他们又离开了，我也会放他们走。我不是想说，孩子们离开家这事很轻松，这对我来说当然要做调整。其实，孩子们和我生活在一起的时候，我的生活也并不是只有孩子和教育，我很早就有自己的兴趣爱好，有好多朋友，当初这些方面就令我的生活过得比较轻松。等到了孩子们一个接着一个搬出去的时候，为了克服悲伤，我给自己设计了一套活动：我经常和朋友聚会，

[①] 马库斯·图留斯·西塞罗（Marcus Tullius Cicero，公元前106—公元前43），罗马政治家、哲学家。

开始学习陶艺，还发现自己对喜剧很有热情，我和朋友们还组建了一个
妇女剧团，定期登台演出。当然，我也会经常想起儿女，有时和他们打
打电话。但是我不会太黏糊，告诉自己不要瞎担心。孩子们自己能搞定
自己的生活，我感到很骄傲。一旦他们需要我了，他们知道我肯定会帮
忙。平时我就享受重新发现自己价值的机会，不再把自己定义为一个母亲。
我越来越行，对此我很骄傲。"

青春期第二季

　　每个人在中年的时候都会经历第二个青春期。在这段时期，人的身
体、心灵、情绪和人际关系都发生了变化，而且和孩子分开生活引发了
重新的自我定位。第二青春期一般发生在四十五岁和六十岁之间，和第
一青春期类似，也会发生体质和心理上的变化，有时人会觉得自己筋疲
力尽，疲劳感随时会产生。女性进入了更年期，停经期开始了。所有这
些衰老的过程会让我们吃不消，也会强化父母们在"后家庭"时期的生
活难度。但是，无论是通过把孩子圈在身边、坚持扮演父母的角色，还
是通过挑战自己的体能，假装青春永驻，我们都无法中止生命的行程。
爸爸没有必要跟儿子比赛骑单车谁骑得快，妈妈也不用以五十岁的年龄
打扮成二十五岁的样子。我们要接受再一次面临的变化，要进入新的角色，
进入第二青春期的成人年龄段，并和多年以来的父母角色告别。

衰老的过程就像登山一样：登得越高，体力消耗得越多，但是视野却越来越开阔。

——英格玛·伯格曼[1]

重新发现自己

因为您现在已经彻底完成了作为父母的责任，那么下一步的问题就是生活该怎样继续。有时，有的人，尤其是妈妈们倾向于在这个空巢时期过分活跃，试图以此来消除悲伤的感觉，这在开始的阶段不失为一种适当的策略，但是一段时间之后就会陷入与现实的矛盾，首先是与自我的矛盾。如上文所述，要直面衰老的境况。此外还有给自己找点事做，给生活安排点新的内容。这个时候，要想办法找回自己失去的天赋和荒废的爱好，经常做一些自己有"兴致"的事情。

从忙忙碌碌到重新发现生活的意义

没想到，倪乐女士很快就适应了空巢生活，她最小的儿子奥利弗四周以前搬走了，然后她就开始忙活各种各样的事情，因为每个人都建议她要转移一下注意力。于是倪乐就开始彻底地打扫房子，把奥利弗的房间变成了熨烫间，这段时间又做了几公斤的果酱，她用家务活让自己忙得喘不过气来。可她的朋友亚摩纳看不下去了，于是就约倪乐一起去温

---

[1] 英格玛·伯格曼（Ingmar Bergman，1918—2007），瑞典导演。

泉浴场，里面的桑拿环境很漂亮。两个朋友在这个土耳其蒸气浴里开始了疗养。在浴池里，倪乐感觉到有点不舒服，突然她意识到已经好久没有打理自己的身体了。

倪乐（五十三岁）："我变老啦，青葱的岁月过去啦！"

亚摩纳（五十四岁）："倪乐，别因体形的问题增添生活烦恼，我的屁股上也多长了几公斤赘肉。"

倪乐："是，你说得对，可是一想到自己是怎样变老的，总感觉很奇怪。"

亚摩纳："也许不只是你怀念的青葱岁月，可能奥利弗搬出去的事比你预料的更让你难受。"

倪乐："什么，这个我还能承受！"

土耳其浴池的蒸汽让一对朋友昏昏欲睡，倪乐开始倾诉了。

倪乐："奥利弗早就想过搬出去，第一次是五岁的时候，背包都打好了，光着脚站在过道里，正想走出门外。我问他有什么打算。'我不喜欢家里了，我要去找戴维，他有一个电动火车。''你不能光着脏兮兮的脚丫子去找戴维。'我跟他讲道，'你得先洗洗脚丫子。'奥利弗同意了，我就把他放到了浴缸里。他坐在热气腾腾的浴缸里，突然开始哭了起来，他承认：'妈妈，我本来也没想走得太远，就是远一点而已。'我把他用浴巾裹起来的时候，他就偎依在我的怀里，我紧紧地抱住他。"

倪乐回想着过去的时候，有点啜泣，流着眼泪。她有点不好意思，用手擦拭脸上的泪水。

亚摩纳："你想哭就哭出来吧，这个地方再合适不过，每个人都滴着水，到底是泪水还是汗水，反正也看不出来。"

倪乐的眼泪夺眶而出，哭出来，她就感觉到好多了，甚至哭着的时候忍不住笑了出来，这样感觉真的挺好。

亚摩纳："你就庆幸你是个女人吧。男人在悲伤和失败这些事情上要隐忍得更多。"

倪乐："我先生可能比平时要平静些，也许他也多找了一点事情做。除此之外，我感觉他自我调节得挺好。"

亚摩纳："也许和你一样，你知道吗？我们得做个计划，计划一下你都能做点什么，这样就可以摆脱伤心落泪了。"

在休息室，两个好朋友开始拟定一份单子，记下了所有对于倪乐或者对于她们两人来说可以成为全新生活内容的东西。

这个例子很好地展示了您怎样可以避免出现空巢症状：积极起来，但是也要让悲伤发泄出来，既可以回忆和孩子在一起的美好情形，也要同时考虑什么东西能从现在开始赋予生活以意义。

重新定义关系

当孩子翅膀硬了的时候，或者已经飞走的时候，如何克服空巢的状态，在养育子女之外给自己找到新的生活内容，就成了您的两个重要任务。为了让您"后家庭"时期的生活过得充实而有意义，现在要做两件事情。

建议

写下一份清单

有些父母在孩子搬出之前就知道人生的下一个阶段都要做点什么。如果您属于受空巢困扰、束手无策的人，请您拿起纸笔写下所有可以充实日常生活，给您的生命增添意义的事情。

> 做点自己的事情：瑜伽、慢跑、演话剧、朝圣……

> 利用业余爱好赚点钱：到圣诞市场上销售自制的果酱或者自己织的毛衣。

> 参加社会活动：在幼儿园给小朋友读书，加入一个政党或者市民组织。

> 挑战自我：学习潜水、滑翔伞。

把所有想起来的事情都写下来，也包括一些看起来好像不熟悉的事情，然后把这些想法按照上述的标准划分一下类别，几天之后，选择您觉得最想做的事情，开始吧。

放手和新的相处模式

有些父母无法想象儿女不在身边的生活，总想着把孩子永远拴在身边，比如把房子加盖一层或者把隔壁的房子租下来给孩子住。很明显，这种做法不可能制造一种全新的、有意义的、和这个人生阶段相匹配的亲子关系，因为缺少必要的距离，缺少"自由泳"的机会。

这个阶段比任何阶段都需要放手。父母不能把孩子看作自己投资的一个对象，放手才能成功；只有不把孩子当作教育成功的案例——教育曾经是，而且仍然是他们唯一的人生内容——而把孩子拢在身边，放手才能成功。

> 人生的目的是自我发展，充分地让自己的禀赋得到发展，这是我们人类的使命。
>
> ——奥斯卡·王尔德[①]

有四种类型的态度会妨碍亲子双方过上独立的生活。

（1）权威：父母们要求孩子听话，他们的箴言是"按我说的做"。

（2）批评：父母时常地指责儿女，毁了他们的自我价值感。

（3）担心：父母过度呵护子女，娇惯子女，事无巨细地照顾子女，但是由此对子女造成压抑。

（4）冷漠：父母和子女之间保持距离，没时间给子女，对子女不管不顾。

有的父母在养育孩子的各个阶段持续给自己训练过如何放手，在放手和支持之间寻找过平衡，虽然时好时坏，但曾经避免过上述四种有害的态度。这些父母现在就能认识到，自己与孩子之间能够建立新型的关系：一种在年轻的成人和年老的成人之间保持距离的关系。

乌尔苏拉（六十岁）："尽管日子过得并不是一帆风顺，但是和孩子

[①] 奥斯卡·王尔德（Oscar Wilde，1854—1900），爱尔兰作家。

在一起的时间也飞一般过去了，有时我几乎不敢相信这一点。我的女儿斯文亚小时候是个浑蛋，尤其在青春期的时候，她可把我们折腾得够呛，有时吵得一塌糊涂，但大多数情况下，我们最后还是和好如初，有的时候互相之间处得还很和谐。而拉法尔却发育得很慢，依照教育咨询处的建议，我们让他在小学留了一级，这个决定确实是正确的。现在两个孩子都长大成人了。偏偏是从小就很野的斯文亚当了教师，拉法尔尽管发育迟缓，但是也读了大学，现在他和太太在等待第一个小宝宝的降生。斯文亚马上要去澳大利亚做一年交换教师。孩子们现在都过上了自己的日子，我先生和我也过上了自己的日子。孩子们经常看望我们，每年全家聚在一起过节一次。孩子成年后的日子还真是挺美好的，我之前从来没做过这种梦。我先生和我现在终于有更多的时间留给对方，我们很享受这种生活。我们马上就要实现一个大大的梦想了：开着露营车周游欧洲。"

体验第二春

乌尔苏拉（参见第 146—148 页内容）的故事向您展示了，在"后家庭"时期，对于您——曾经的父母——而言什么事情是同等重要的，即在成年人的晚期重新厘定夫妻关系。从根本上讲，我们都知道，不能因为工作和家务占用我们大部分的时间，就忽略和伴侣的关系。但是实际情况是，谋生、家务和教育子女多年以来一直是重中之重，所以一般来说伴侣之间现在需要重新开始，就像森雅和弗兰克这对夫妻一样。

建议

这段时间的金科玉律——独立

当父母和子女真正分道扬镳的时候，一般来说，并不意味着双方的关系就此终结了，只不过是改变了而已，正如此前的各个阶段发生的变化一样。下面是几点新生活的放手指南：

> 不要期待着孩子每天给你打电话，孩子如果没有主动请教，请不要提建议。您的孩子已经长大了，可以完全独立地决定想做的事情，可以独立地决定让什么事情发生，也包括是否请您参与决策。

> 相反，您现在如果有问题，也可以去问问孩子的意见。

> 请告诉您的孩子，如果有急事可以向父母求助，但是爸爸妈妈现在也有自己的生活了，参考那句话："你们可以随时上门探访，但是要提前打个电话过来问问我们是否在家。"

弗兰克（六十六岁）："儿女们离开家之后，森雅和我经常去拉帕尔玛岛度假，那时我们就想过，退休之后在这个岛上一直把帐篷扎下去。森雅一开始还有些犹豫，她不想离儿孙太远，可是越来越严重的四肢关节疼痛最终说服了她，我们最后在这个岛上买了一座房子和一块地住了下来。我在这里发现了我的艺术天赋，于是我搜集了海边的残留物和自然界的物体，把这些东西加工成抽象的雕塑。我们的花园里摆满了这些雕塑。但是我们总觉得缺点什么，森雅也不是很开心，这个我能感觉到，她比我更想念家人。我们俩好像都意识到这些年我俩有点各过各的日子。有一天从德国来了个电话：森雅的好朋友——患病多年的玛丽斯去世了，这件事对我俩的触动都很大。森雅平时不吸烟的，这时跟我要烟抽，还打开了一瓶香槟。我们坐在一起，抽着烟，喝着酒，聊着天，聊人生的短暂，好久以来第一次这么认真地聊天。那天晚上，我们还在露台上跳舞，在床上度过了好久以来最美好的夜晚。"

森雅（六十二岁）："是啊，那天晚上，确实发生了一些重大的变化，我们现在能更从容地相处，我们的关系中重新有了激情，我们又开始聊起天，聊上帝和世界，我们也重新有了夫妻生活。而且现在我们也拥有自己的生活领域，弗兰克在艺术创作中真正得到释放，我给德国游客开办了瑜伽学习班，我重新开始做起了瑜伽教练。弗兰克和我一年去看望孩子们一次，我自己还会再飞回德国一次，我更像个家庭宠物。"

> 好的婚姻，其秘密在于要经常给予连续剧首映似的氛围。
>
> ——马克思·欧弗斯[①]

森雅和弗兰克重归于好的诱因和触媒是朋友去世这个外部事件，两人由此又开始了沟通，不但在精神层面，也在身体层面。两人都有自己的兴趣爱好，时不时地还各忙各的，但是由此两人都感觉自由自在，重

---

① 马克思·欧弗斯（Max Ophüls，1902—1957），德国导演。

新相聚时感觉还很新鲜。放手和支持在人生当中真是一直扮演着重要的角色啊！

建议

第三件共同的事情

作为伴侣的一方您要坦诚地对待双方的关系，互相之间要就共同做些什么事情，每个人如何自我实现这些想法和愿望进行沟通。坦诚是共建二人新世界的最好途径。而下面这些技巧也同样能够有助于"唤醒"伴侣之间的关系。

> 给您的先生或者您的太太一个惊喜，比如海边的浪漫晚餐，不寻常的东西往往能打开新的视野。

> 有意识地让您的身体引人注目，给性生活有更多的空间和时间。

> 做一些伴侣年轻时也喜欢做的事情，比如划帆船、远足、跳舞，如果这些还能带来乐趣，那就一起玩下去。

> 每个人写下三五件一直想做的事情，然后互相交换。通过这种方式，您可以更加了解自己和对方，然后再制订一些计划，看看除了家庭之外哪些事情伴侣双方可以一起做。

在家庭生活中，森雅和弗兰克作为夫妻留给自己的时间太少了，以至于最后相互离得越来越远。而马丁和希贝拉却一直过得热火朝天，两人经常大吵大闹，矛盾也很公开化，子女们都能感受到。

马丁（五十九岁）："我和太太的关系时常出现危机，我俩曾经大吵特吵，当然后来又和好了。对我俩来说，一定要把矛盾摆出来。安东和萨比娜能够感觉到，尽管爸爸妈妈有时会吵架，但还是能合得来。我在想，两个孩子都搬出去了，他们不用再管我俩了，他们知道，我俩能行。"

希贝拉（五十八岁）："是的，孩子们能感觉到，尽管马丁和我有时候会吵架，但是我俩相处得还不错。而且吵吵架也会让夫妻关系保持新鲜感。也许正因为我们作为父母互相之间的关系比较独立，所以我们能更好地对孩子们放手。"

婚姻需要不断的争吵，否则就会对另一方一无所知！

——歌德

榜样的力量也会让孩子们强大起来。夫妻关系不见得一直要和平共处，矛盾冲突其实是生活的内容之一。父母双方在积极的意义上互相争论，这能够给孩子一种感觉，父母的精神和感情世界并不只是围着孩子们转，这一点为成人型的父母子女新型关系提供了一个重要的前提条件（参见第145—148页内容），而且这也为后家庭时期的夫妻关系奠下了一个很好的基石，可以说是一件得天独厚的事情。

最后我们不想隐晦一点，孩子们离家之后，不是所有的伴侣都会一直保持下去或者又重归于好。很多时候，夫妻关系早就破裂，只不过因为孩子还在一起生活。出现这种情况常见的原因是女性完全投入母亲的角色中，而男性则首先在事业当中寻找成就感。当夫妻之间互相以"孩子妈妈"和"孩子爸爸"称呼对方时，这说明双方在伴侣这个层面有点不对头了。尽管夫妻双方首先关注自己在职业上的成功（而且也会从职业发展的角度看待子女），这种态度也会对夫妻关系（和家庭生活）产生不良影响。很明显，如果出现了这种情况，那么在成人的晚期也很难说一定会建立良好的伴侣关系。本书对这种情况不再展开论述，这应该是另一本人生指南的题目。我们在这里要讨论您要面对的最后一个美好的任务：成为祖父祖母。

一代新人

子女们读完了书，有了职业，也找到了生活伴侣，那么极有可能子女们自己也变成了父母。对您来说，现在有机会作为祖父、祖母为子女们提供一些帮助，比如您可以让做了父母的儿女们有个喘息的时间（参见第99—101页内容）。尤其是男人们，一般都会觉得错过了陪伴自己孩子的时光，那么现在就可以做一个充分投入的祖父。而女人们，因为对子女放手后度日如年，现在面对孙辈的时候往往很轻松地就能应付。

诺拉（五十七岁）："以前，我是一个百分百的老母鸡一样的妈妈，实际上是我一个人把鲍丽娜拉扯大的。我一直承受着一种压力，就是养育孩子的责任完全在我身上。鲍丽娜一步也不可以离开我身边，我不想她发生什么事情，我要防止遇到隐藏在各个角落里的危险：浪费时间的游戏、不健康的饮食，尤其是不好的朋友。是的,我不想让她过上错误的生活。

可是谁知道最后什么生活是错误的，什么是正确的。现在鲍丽娜有一个女儿，我则成了两岁的孙女索菲亚的祖母。我现在对自己感觉有点惊讶，索菲亚在我这里的时候，我的态度和以前完全不一样。小家伙可以在我这里玩的东西、做的事情，以前我绝对不会让我的女儿做。可以想象，鲍丽娜当初摆脱了我这只老母鸡的羽翼，一定高兴极了。"

鲍丽娜（二十二岁，诺拉的女儿）："是啊，我妈妈曾经是个老顽固。她一直管控着我，遇事总是指手画脚。在青春期的时候我开始反叛了：经常不着家，功课也不好，还把头发染成了粉色，鼻孔、舌头上都打了孔、戴上环，肚脐上也是，匹配着我的各种花色的露脐套装。妈妈被我的装扮吓坏了，因为我要向她证明我的生活和她的不一样。现在二十二岁的我也当了妈妈，而我妈妈是在三十五岁的时候才有了我。这样也挺好，尤其是因为我觉得妈妈现在对待小索菲亚的方式很好，她是个非常棒的外祖母，当然，当初她也是个好妈妈，只不过她有她的方式。"

附录：测试评估

这里您将会获悉如何适当地放手及其理由。您也将读到展开的论述和各种建议。

第一种情形

如果您对孩子做出的是前两种反应，那么这意味着您没把孩子的遭遇当回事。第一个办法是随他去吧，第二个办法是低估了他的痛苦。孩子在学习的过程中，需要父母的陪伴，也需要一种环境，能够让他们积累一些经验——包括疼痛的经验。从这些经验当中，孩子们可以自己总结出点什么。安慰，不是为了让孩子安静下来，安慰孩子的父母，必须同时也要认真对待他们的痛苦，因为这种痛苦常常伴随着一种挫败感。第三种回答是一种很恰当的反应。您让孩子自己去经历一些事情，哪怕这些经历伴随着失败的体验。而一旦孩子请求您的支持，您就应该向他伸出援助之手。

第二种情形

第一种反应意味着您并没有认真对待孩子，认不清孩子的真正愿望是学习新的本领，尝试新的事物。第三种回答是在敷衍孩子，孩子其实是想提供帮助的，但是却不被允许。孩子不想以后再玩儿，他想立刻就证明自己的能力。在第二种反应中，母亲能认识到孩子的需求，她相信孩子能够完成一些事情。这种信任得到的回报就是孩子掌握了一些新的能力，并且为自己能够帮助母亲干些活而感到自豪。

第三种情形

第二种做法会给孩子带来一些问题：父亲或者母亲悄悄地离开孩子，没有任何的告别仪式，好坏随孩子去吧。如果交出孩子，或者更恰当地说交托孩子的过程不正确，那么孩子在新的环境下也会不适应。第三种反应也不是很合适：孩子是可以学习如何面对分别的痛苦的，而父母想避免分别的情境，只会使孩子变得更加没有生活能力。在第一种回答中，父母接受了孩子的分别之痛，但通过一种仪式让孩子去克服这种痛苦。

第四种情形

无论第二种反应可以多么让人理解，但是孩子会因此一切都让父母代劳，变得一点也不独立。孩子将来也会更加依恋您，希望您为他把一切都维持得有条不紊。在第三种回答中全靠禁止和威胁生效。保罗或许也会收拾东西，但是不能学会自愿地整洁起来。他将来讨价还价的砝码会越来越高。第一种回答提供了一个合适的解决办法。您认识到保罗没有能力自己消除房间里混乱的局面，并且要帮助他学会将来自己整理东西。

第五种情形

如果您是第二种反应，这说明没有认真对待彼娅的需求和感受。成长中的过渡期会对孩子和父母形成某种挑战，而我们以这种态度是无法应对这些挑战的。如果您认为孩子可能在某些方面发展比较滞缓，还需要一些时间，那么第一种回答可能会是一个比较恰当的解决办法。当然，孩子们有时很情绪化。但是总的来说，当孩子们感到自己不能胜任一些事情时，我们必须认真对待这一点。第三个回答也提供了一种解决方案。通过回避学校这个字眼，您留在了当下，也留给彼娅将来在游戏中成长的机会。教育不是在为将来的人生做准备，其实，教育更应当是眼下的陪伴。

第六种情形

在第一种反应中隐含着一种威胁，而这种威胁不会给马里奥的行为带来任何转变，就像第二种回答一样，对马里奥不会产生任何影响。第三种反应却表现一种恰当的态度：您同情马里奥的失望，但是您让他明白，他要为所作所为的后果承担责任。谁想享有乱七八糟的自由，那么他也必须自己承担相应的责任。

第七种情形

在第二种反应中我们看不到父母对孩子的感同身受。从第一种回答中可以看出：他们看待孩子行为方式的角度是："我们做错了什么？"然而良心上的自责并没有太大用处。第三种回答说明您看到了迪默在身体上和精神上的变化，并且把他当作独立的人来看待。同时，您也能感受到自己作为一个个体也需要自己的空间和时间，同时却没有忽略自己教育孩子的责任。

第八种情形

无论第二种做法中的明令禁止，还是第三种反应体现出来的所谓大度——这种大度不能给孩子提供任何支持和信赖，都是很不恰当的处理方式。相反，在第一种回答中，很清楚地可以看到父母对女儿以及她的日常生活——这里也包括女儿的一些女性朋友——的兴趣。通过接触，您可以和这些女孩子们建立一种友谊，当然您也不必对她们所有的事情都表示赞同。

第九种情形

过度地禁止，如第一种反应所述，是没有任何帮助的，这样只会破坏家庭的气氛。"看吧，你自己最后怎么办！"这是第三种反应中隐含的想法，这种想法跟一切禁令一样只会让孩子感到孤立无援。一般来说，只有当一个人不知道下一步该怎么办、老是原地打转的时候，才会有意识地采取一些教育的手段，这时就需要专业人士的帮助了，不是治疗意义上的，而是咨询如何在日常生活中进行教育实践，就像第三种反应一样。如果你想寻求帮助，那意味着您想跳到外面看问题，学习其他的做法，也就是说，放弃老一套的做法，以获得全新的教育手段。

第十种情形

第二种反应其实就是一种权力斗争，通过权力斗争，您也无法克服这种问题。相反，这种权力斗争可能会变成一场争执，在争执中只剩下各种报复和惩罚。与此相反，第一种回答表明了一种放弃的态度，但教育是一种关系，这种关系在青春期远远没有结束。于是，父母和孩子应该保持一种关系和维持一种联系，要创造一些机会，家庭成员共处的机会。第三种反应表明了这样的可能性：谈论大家面临的变化，一起协商一些事情。

第十一种情形

有时孩子的行为确实会让人发火，但是，发火不是一个成熟的解决问题的办法。就像在第一种反应中一样，发火使问题变得更加棘手，因为发火会破坏彼此的尊重。而第二种回答反映了一种漠不关心的教育态度，这种态度其实就是撇下女儿不管了，但是卡卡其实是需要帮助的。在这种情况下，和卡卡不仅要谈规则，不仅要做口头协议，也要让卡卡知道，她的行为会给您带来什么影响。关键要让她懂得：想要自由行动的人，必须为自己的行为承担责任。谁要是将自由和责任割裂，就可能给大家添乱。如果您的选择是第三种做法，那么表明：您已经意识到这一点，所以您会和女儿谈谈她的行为有可能造成的后果。

第十二种情形

在前两种反应中，人们可以看到您和女儿对彼此的依恋，双方并不是真正地放手了，结果便是指责女儿，像第一种反应中那样；或者是可怜女儿，如第二种反应。对于渴望独立的丽贝卡来说，这些做法不合时宜。第三种反应表现出一种清醒和信赖。您和女儿约好要保持定期的联系，而且如果女儿不求助，不要主动乱给建议。您要和孩子进行沟通，因为您知道：年轻人不喜欢父母自以为无所不知。

第十三种情形

　　孩子就像父母一样有权要求独立的生活，有权要求自己的时间和空间。这是放手的思想基础，当然放手并不是弃之不理。卡洛要维护他的空间和时间，觉得每天打电话是一种对他努力营造的私人空间的侵犯。第二种反应表明了，您还没有真正地对卡洛放手，而是仍然把他当一个小孩子一样对待："你要马上道歉！"卡洛也许会为他的行为道歉，但是他从现在起可能会对您抵触起来。很明显，在第三种回答当中，夹杂着有一种被冒犯的感觉和权力斗争，对您和卡洛都是没有益处的。第一种回答展现，即使双方对同一件事情的看法和立场完全不同，也还是可以在维护各自尊严的同时，找到一种和睦的解决办法。

第十四种情形

　　当孩子们离开家里，会发生很多变化，这种变化需要外在的表达：以前的儿童房间现在挪作他用。然而，如果孩子回到家里，他们当然还要有自己的空间，这种态度体现在第二种反应当中。如果一切照旧，就像在第一种回答中那样，那么进行调整的空间就没有了。第三种反应摆出了一副受委屈的样子：如果这样做，虽然您得到一间客房，但是却会对将来的亲子关系产生影响。